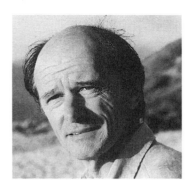

Jean-Louis Etienne wurde 1946 in Südfrankreich geboren. Er studierte Medizin und Ernährungswissenschaften. Voller Abenteuerlust nahm er an zahlreichen Expeditionen u.a. im Fitz-Roy-Gebiet in Patagonien und im Himalaja teil. Er segelte einmal um die Welt und entlang der grönländischen Küste, fuhr die Rallye Paris-Dakar und erreichte mit einer Expedition die Antarktis. Sein Alleingang zum Nordpol im Jahr 1986 hat ihn international bekannt gemacht.

Jean-Louis Etienne schrieb zahlreiche Bücher. Davon sind auf Deutsch erschienen: »Transantarctica« und »Faszination Arktis«.

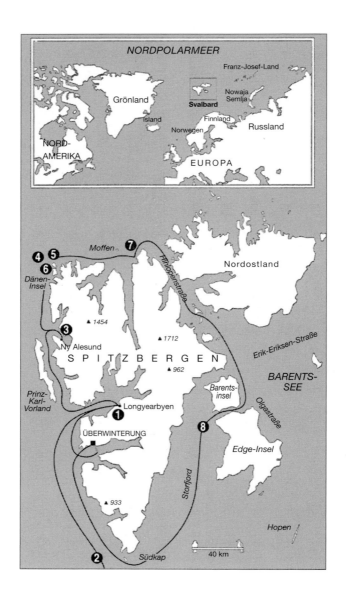

JEAN-LOUIS ETIENNE

ZAUBERWELT ARKTIS

Abenteuer im Polareis

*Aus dem Französischen
von Karola Bartsch*

*Ein Buch der Partner
Goldmann und National Geographic Deutschland*

Die französische Originalausgabe erschien 2001 unter dem Titel
»La Complainte de l'ours. Chroniques d'un monde fragile«
bei Éditions Jean-Claude Lattès, Paris.

Coverfotos:
© Schuster-Horizon (oben),
Agentur Mauritius (unten),
Getty Images, Stuart Westmorland (hinten)

Alle weiteren Fotos stammen vom Autor.

SO SPANNEND WIE DIE WELT.

Dieses Werk erscheint in der Taschenbuchreihe
NATIONAL GEOGRAPHIC ADVENTURE PRESS
im Goldmann Verlag, München.

1. Auflage Dezember 2002, deutsche Erstausgabe
Copyright © 2002 der deutschsprachigen Ausgabe
NATIONAL GEOGRAPHIC ADVENTURE PRESS
im Goldmann Verlag, München,
in der Verlagsgruppe Random House GmbH
Copyright © 2001 by Éditions JC Lattès
Alle Rechte vorbehalten
Lektorat: Gisela Fichtl, München
Umschlaggestaltung: Petra Dorkenwald, München
Herstellung: Sebastian Strohmaier, München
Satz: Uhl+Massopust, Aalen
Druck und Bindung: Clausen & Bosse, Leck
ISBN 3-442-71189-4
www.goldmann-verlag.de
Printed in Germany

Das Papier wurde aus chlorfrei gebleichtem Zellstoff hergestellt.

*Für Elsa und unser Kind,
das bald zur Welt kommen wird
und in diesen Zeilen
die Liebe zur Erde entdecken möge.*

»Die Wissenschaft verfolgt in ihren erhabensten Überlegungen kein anderes Ziel als die Suche nach der gottgegebenen Harmonie, die die Gattungen in einem gesunden Gleichgewicht des Wohlergehens erhält.«

J.-H. Fabre, *La Plante*, 1876

Inhalt

Einführung	11
Ein unvermuteter Zeuge	17
Ein Stück vom Paradies	28
Träume vom Eldorado	41
Das Chaos der Evolution	51
Der andere Umgang mit der Zeit	61
Der Wagemut der Pioniere	71
Hinlopen	84
Gefangen im Packeis	95
Die lange Nacht	106
Die Rückkehr der Sonne	117
Auf der Suche nach dem Tiefseewasser	130
Luis, der letzte Trapper	143
Mitten in der Klimamaschine	155
Eisgang	166
Das prekäre Gleichgewicht der Welt	179

Einführung

Ein Reisender macht sich nicht nur auf den Weg, um etwas zu sehen. Lebenshungrig folgt er seinem Instinkt. Er ist auf der Suche nach jener Welt, die mit seinen inneren Erwartungen in Einklang steht, und würde dafür auch sein bisheriges Leben aufgeben. Obwohl mich der Mythos vom Leben in der Wildnis schon seit meiner Kindheit fasziniert, ist es bei mir nie zu der radikalen Entscheidung gekommen auszuwandern. Eine Frage der Erziehung, gesellschaftlicher Abmachungen, des Pflichtgefühls? Ob Wissenschaft oder Dichtung, geistige oder manuelle Arbeit – die von Menschen gemachte Welt war mir immer lieb. Was ich aber mehr als alles andere gefürchtet habe und was mich immer wieder zum Aufbruch getrieben hat, ist der gewöhnliche Alltag, der das Leben verkümmern lässt in einem Labyrinth aus Zwängen, Ängsten und vermeintlichen Vorteilen, die so geschickt verkauft werden, sich so gut ineinander fügen und so stark reglementierend sind, dass man ihnen schließlich unterliegt. Als Arzt auf Wanderschaft habe ich mich für ständige Veränderung entschieden, und die Expeditionen in die Ferne wurden allmählich zu einer Notwendigkeit, um den Hunger nach Weite und das Leben in der Überzivilisation ins Lot zu bringen. »Ein ebenso kostbares Gut wie das Wasser und das Licht, das auf die Bäume fällt, sind für uns die Einsamkeit und der Gedankenaustausch. Die Hölle ist der Ort, wo diese beiden Dinge verloren gegangen sind.« (Bobin, »La Source pure«)

Anfangs macht man sich auf, um eine Reise »zu machen«, etwas zu erobern, aber auf lange Sicht ist es die Reise, die einen prägt. Von den Unbilden der Natur habe ich gelernt, Zwänge und Erniedrigungen hinzunehmen, auch den eigenen Verpflichtungen mit Geduld und Durchhaltevermögen nachzugehen, wie ich es von den Menschen, so glaube ich, in dem Maße nie hätte lernen können. Die Herausforderungen, denen ich mich gestellt habe, haben mir Selbstvertrauen gegeben, und im Laufe der Jahre haben die Ziele sich verändert, sind »gesellschaftsfähiger« geworden. Die Lust, sich mitzuteilen, ist um wunderbare Kommunikationsmöglichkeiten bereichert worden, und fortan habe ich meine Abenteuer als Brückenschlag zwischen der Lehre vom Leben, den Naturwissenschaften und der Erziehung aufgefasst. Ich fand Gefallen an der Pädagogik, dieser Inszenierung von Wissen, und diese Arbeit des Vermittelns hat mich dazu gebracht, komplexe Phänomene durchschaubar zu machen. Bildung lässt sich vermitteln, wenn man eine Erklärung für Empfundenes und Erlebtes liefert, und in dem Sinne legitimiert das Engagement auch die Schilderung dessen, was man erfahren hat und gibt den Worten ihre Kraft. Inzwischen ist die Wissensvermittlung ein

Hauptanliegen bei meinen Reisen, denn Bildung läutert die Ansichten und fördert den Bürgersinn, den Baumeister für die Zukunft der Welt.

Man könnte meinen, dass die genaue Kenntnis der Polargegenden nur einem marginalen Wissensgebiet von Nutzen ist, das mit der Realität unserer Zivilisation wenig zu tun hat. Dabei würde man allerdings außer Acht lassen, dass das Gleichgewicht der Erde, wie auch das aller Lebewesen, einem wellenartigen Rhythmus unterliegt, einer Abfolge einander ausgleichender Bewegungen zwischen den entgegengesetzten Polen: kalt – warm, Sommer – Winter, Diastole – Systole, Handlung – Ruhe, Wachen – Schlafen, Einatmen – Ausatmen... Entsprechend diesem Gesetz des Universalpendels, das das Gleichgewicht der Welt bestimmt, bildet im Mechanismus der Klimamaschine das Polareis das Gegengewicht zur äquatorialen Überhitzung. Es speichert achtzig Prozent der Süßwasserreserven des Planeten und regelt auf diese Weise den Meeresspiegel. Obwohl sie fern der menschlichen Zivilisation liegen, sind die beiden Polarregionen ein wichtiger Bezugspunkt: Die Gletscher in der Antarktis und in Grönland geben Auskunft über das Klima vergangener Zeiten, die Atmosphäre über den Kerguelen ist unser Maßstab für saubere Luft, die Königspinguine sind zu Bio-Indikatoren für die Überfischung der Ozeane geworden, Bärenblut ist ein Indikator für die zunehmende Verschmutzung der Meere... Im Nord- und Südpolargebiet haben einige wenige Arten in Jahrtausenden unerbittlicher Selektion gelernt, ihr Leben in der schmalen ökologischen Nische der unermesslichen polaren Weite zu bestreiten. In der Arktis hat sich der Bär als Herrscher im Packeis erwiesen, das mehr denn je den Belastungen durch das Klima ausgesetzt ist. Aus seinem Königreich blickt er auf uns herab, wie wir immer mehr werden, uns ausbreiten, gewissenlos unseren Müll ins Meer kippen. Er, der am Ende der Nahrungskette steht, lagert die Rückstände in seinem Organismus an und bekommt die schädlichen Folgen allmählich zu spüren. Seinem stattlichen Anblick zum Trotz offenbart der Eisbär uns heute die Anfälligkeit des Ökosystems Arktis, und seine Zukunft liegt in unseren Händen.

Was aber gilt das Leben des Eisbären, gemessen am Lauf der Welt? Mit Hilfe von Instrumenten künstlicher Intelligenz ließen sich die Auswirkungen seines Verschwindens für das biologische Gleichgewicht in der Arktis simulieren. Man könnte sogar ersinnen, zu welchen Gegenreaktionen der Lebensraum Arktis überginge und, warum nicht, sich davon überzeugen, dass die Erde ohne Eisbären irgendwann ein neues Gleichgewicht erlangen würde. Aber von welchem Planeten sprechen wir eigentlich? Die Eisnomaden sind längst sesshaft geworden, und doch träumen die Kinder noch immer von Eskimos und Iglus. Wie sähe die Zukunft des Menschen aus, wenn die großen Inspirationen für seine Träume nach und nach absterben?

An Bord der *Antarctica* habe ich mich nach Spitzbergen begeben, um die vier Jahreszeiten in der Arktis zu erleben und die Refugien der Pioniere des Polarabenteuers aufzusuchen. Nach der Umrundung der Insel ist das Schiff in die Finsternis der langen Polarnacht eingetaucht. Als Gefangener im Eis hatte ich Muße, dieser Erde, die mir so am Herzen liegt, mit offenen Augen zu begegnen. Ich bin mit der Gewissheit zurückgekehrt, dass sich unter dem mächtigen Eisschild der Arktis eine zerbrechliche Welt verbirgt, die die Spuren unserer blinden Achtlosigkeit bereits in sich trägt. Im Laufe dieser Überwinterung war ich immer wieder im Revier der Bären unterwegs, habe auch einige von ihnen angetroffen, und alle haben mir dieselbe Botschaft an die Menschen mit auf den Weg gegeben: Passt auf, dass ihr den Norden nicht verliert.

Ein unvermuteter Zeuge

Der Kongress des Norsk Polar Institute war lange von der Universität Spitzbergen vorbereitet worden. Er war Teil einer von den Wissenschaftlern organisierten fächerübergreifenden Veranstaltungsreihe, die über die Arbeiten von Kollegen informieren und einen Überblick über den jeweils aktuellen Wissensstand verschaffen sollte. Langfristig galt es, eine Politik für die Entwicklung der Arktis zu entwerfen auf der Grundlage eines umfassenden Wissens über sämtliche Bestandteile des Ökosystems, vom mikroskopisch kleinen Plankton bis hin zum Eisbären, unter Berücksichtigung regulierender Faktoren wie Eis, Klima, Atmosphäre oder Meeresströmungen.

Ein glücklicher Zufall wollte, dass ich mich zur Vorbereitung einer Überwinterung an der Westküste ohnehin auf Spitzbergen befand. Ich beschloss, meine Abfahrt um achtundvierzig Stunden zu verschieben, und so lauschte ich bereits am darauf folgenden Tag den Vorträgen der Wissenschaftler. Die Hautevolee der Spezialisten des hohen Nordens war zugegen und auch ansprechbar – eine Gelegenheit, die man sich nicht entgehen lassen durfte. Es war ein herrlicher Spätnachmittag, und so machte ich mich noch zu einem Spaziergang ins Innere des Fjordes auf, um in den Genuss der Märzsonne zu kommen. Purpurfarbene Berge hoben sich von der stahlblauen Kühle des Himmels ab, das noch gefrorene Meer verbarg unter einer Schneedecke die Grenzen der Gestade. Bei dieser schmerzenden Kälte war es kaum vorstellbar, dass unter der Eishülle Leben darauf wartete, nach der langen Zeit in der Dunkelheit wieder zum Vorschein zu kommen. Ich fühlte mich wohl und sorgenfrei, die Vorbereitungen für die Überwinterung verliefen problemlos, und das Schicksal bescherte mir auf einem silbernen Tablett auch noch all diese lebenden Enzyklopädien der Arktis, aus denen ich großen Gewinn ziehen sollte: Was wollte ich mehr? Nicht selten befallen mich Zweifel über das abseitige Engagement meines Daseins, und solche glücklichen Fügungen sind für mich immer ein Hinweis darauf, dass ich den richtigen Weg eingeschlagen habe.

Der Empfang fand im verglasten Foyer der neu gebauten Universität von Spitzbergen statt. Mit ihrer Lage hier in diesen extremen Regionen wollten die Norweger auch ihrer Sorge um den Schutz des hohen Nordens Ausdruck verleihen. Den rund vierzig, fast ausschließlich männlichen Teilnehmern, die sich offenbar alle kannten, wurde Kaffee gereicht. Unter den Anwesenden herrschte gelöste Aufbruchstimmung, als würde die Nähe zum Pol den Abenteuergeist dieser Forschungsdirektoren auf den Spuren der Arktis aufs Neue entfachen, wo sie sonst zunehmend von Finanz- und Verwaltungsaufgaben im Rahmen ihrer Forschungseinrichtungen in Beschlag genommen werden. Der Empfangsleiter bekräftigte die feste Absicht der norwegischen Regierung, Svalbard – den Archipel, dessen größte Insel Spitzbergen ist – zu schützen, ein ehrgeiziges Vorhaben, das den Tourismus – die einzige wirkliche Einnahmequelle – und die Wildnis im Reich der Eisbären miteinander in Einklang bringen sollte. Als der Gouverneur den Saal verließ, war hier und da ein hämisches Lachen zu vernehmen; in der Regel haben Wissenschaftler nicht viel dafür übrig, wenn Touristen den Fuß auf ihr Forschungsfeld setzen – eine Frage der Gebietshoheit.

Der erste Vortrag des Kongresses war den Kopepoden gewidmet. Diese kleinen Krebstiere bevölkern sämtliche Weltmeere, doch ihr kompliziertes Bio-System ist bis heute noch relativ unerforscht. Dass sie derart vernachlässigt werden, ist nicht zu unterschätzen, denn immerhin handelt es sich vermutlich um die größte Population von Mehrzellern, die es überhaupt gibt. Manchen Behauptungen zufolge soll die Masse aller Kopepoden sogar größer sein als die aller Rinder weltweit! Der Beitrag des kanadischen Biologen, der ans Rednerpult gebeten wurde, trug die Überschrift: »Lipide im Stoffwechsel arktischer Kopepoden«. Es folgte ein schwer verständlicher Vortrag, eine Abfolge von Folien, Grafiken und biochemischen Formeln, die die Zuhörerschaft nur mit Mühe zu fesseln vermochte. Der Vortrag machte deutlich, wie undankbar Grundlagenforschung ist, wissenschaftliche Arbeit ohne unmittelbare Anwendung, deren Berechtigung jedoch unter Umständen eines Tages in so unterschiedlichen Bereichen wie der Untersuchung der Meeresströmungen, der Biologie des Herings oder der menschlichen Gesundheit zutage tritt. Der Forscher gab seinen Vortrag ohne pädagogische Umschweife zum Besten, ohne den Versuch, die Zuhörer in seinen Bann zu ziehen, und die von den Heizkörpern abstrahlende Wärme tat ein Übriges, um die ohnehin gebremste Aufmerksamkeit für das einem kleinen Kreis vorbehaltene Thema allmählich zunichte zu machen.

Plötzlich fuhr das Knarzen der hinteren Tür in die friedliche Benommenheit im Hörsaal, und sämtliche Köpfe wandten sich dem Mann zu, der oben auf den Stufen erschien. Offensichtlich war er dringend auf der Suche nach jemandem. Mit einem Wink bedeutete er Hans Krieg, den Saal zu verlassen. Krieg war der norwegische Eisbärexperte, ein dynamischer Mann, der maßgeblich am Zustandekommen des Kongresses beteiligt gewesen war. Der Vortragende fuhr mit seinen Ausführungen fort, doch der von außen hereindringende Lärm gab uns zu verstehen, dass irgendetwas nicht stimmte. Kaum hatte der Redner sich, wie üblich, für die Aufmerksamkeit des Publikums bedankt, strömte alles nach draußen. Der Tausendseelenort Longyearbyen war in Alarmbereitschaft: Ein Bär irrte durch die Straßen! Dies war an sich kein außergewöhnliches Ereignis, doch sorgt die Präsenz eines Bären in dieser kleinen Stadt immer für eine gewisse Unruhe. Die Bevölkerung ist für solche Zufallsbegegnungen stets gewappnet, der Bär geistert durch aller Köpfe, vergleichbar dem Löwen in der afrikanischen Steppe. Er ist das Maskottchen Spitzbergens. Sein Bild weht auf dem Stadtbanner von Longyearbyen, man findet es überall, auf sämtlichen Ansteckern, sogar auf den Einkaufstüten im Supermarkt. Zwei ausgestopfte Exemplare thronen in einem gläsernen Käfig in der Flughafenhalle und im Fremdenverkehrsamt. Man verehrt ihn und ist stolz auf ihn. Als Stofftier versüßt er seit Generationen den Schlaf aller Kinder, von allen Wildtieren ist er einem das vertrauteste. Allerdings kommt man nie so nah an ihn heran, dass man ihn streicheln oder ihm die Zärtlichkeit schenken könnte, die er in uns weckt. Allein die Tatsache, dass er sich in nächster Nähe aufhalten könnte, macht das Tragen einer großkalibrigen Waffe zwingend erforderlich. Die Familienartillerie, die am Eingang eines jeden Hauses neben Anoraks und Daunenjacken an der Wand prangt, ist beachtlich. Nie würde sich jemand ohne geschulterten Karabiner in die Stadt begeben, der Griff sitzt bereits in jungen Jahren: So wie man sich eine Mütze aufsetzt, nimmt man eben auch eine Waffe mit. Hier dient das »Kaliber« nicht zur persönlichen Aufwertung, sondern als Überlebenswerkzeug, mit dem man von Kindheit an umzugehen lernt.

Man erfuhr Genaueres: Es handelte sich um ein sehr großes männliches Tier von sechshundert Kilogramm. Normalerweise ist dies eine Angelegenheit für die Sicherheitspatrouille. Das Tier wird mit Schlafmittelpatronen betäubt und im Hubschrauber an die wilde Ostküste auf der anderen Seite der Insel transportiert. Doch der Bär, der an jenem Tag auftauchte, war nicht irgendeiner. An einem langen weißen Kunststoffband an seinem Hals trug er eine Argos-Markierung. Das Raubtier war kein Unbekannter im Norsk Polar Institute, es gehörte zu den von Hans Krieg untersuchten Tieren.

Die Bewohner Spitzbergens, größtenteils Norweger, haben sich aus Abenteuergeist, wegen der unermesslichen Weite oder auf der Suche nach dem Eldorado hier angesiedelt. Wenn sich ein Bär in die Stadt verirrt, so ist das für sie ein Ereignis, das den alten Ruf von Longyearbyen als europäisches Dawson wieder belebt. Die Behörden sorgen sich folglich nicht um die angestammten Bewohner, sehr wohl aber um durchreisende Touristen, die auf eine solche Situation ganz und gar nicht vorbereitet sind. Noch immer war allen der Unfall einer jungen Japanerin frisch im Gedächtnis, die im Jahr zuvor ihren tödlichen Verletzungen erlegen war.

Nach einer halben Stunde kehrte Hans Krieg mit einem amüsierten Lächeln zurück. Er hatte ganz offensichtlich etwas zu berichten und forderte die Gruppe auf, sich wieder in den Hörsaal zu begeben.

»Liebe Freunde, ich bitte Sie, den sympathischen Störenfried zu entschuldigen, der hier gerade in den Kongress geplatzt ist. Es handelt sich wohl um das erstaunlichste Tier, das ich je beobachtet habe. Der für heute geplante Ablauf wird sich ein wenig verschieben, aber ich glaube, dass das Thema unsere ganze Aufmerksamkeit verdient.«

Hans Krieg schaltete sein Laptop ein und befragte den Argos-Dienst, der alle Ortswechsel des am Hals des Tieres befestigten Senders registrierte. Auf dem Bildschirm tauchte die in starkem Zickzack verlaufende Strecke auf, die unser Besucher im Laufe eines Jahres zurückgelegt hatte.

»Ein reiselustiges Tier, wie man sieht, das international unterwegs ist. Nachdem er im letzten Frühjahr noch auf Hopen war, hat sich der Bär nach Nordosten Richtung Franz-Josef-Land aufgemacht. Er ist dann runter Richtung Nowaja Semlja, das er nicht erreicht hat, hat kehrtgemacht und ist sehr weit rauf bis 88° 30' nördlicher Breite. Den ganzen Sommer über ist er in den hohen Breiten geblieben, bevor er wieder nach Spitzbergen runtergewandert ist, wo er im November, zu Beginn der Polarnacht, angekommen ist. Er hat auf der Barentsinsel Winterschlaf gehalten und sich dann in aller Ruhe hierher begeben, um uns mit seinem Besuch zu beehren.«

Krieg, sichtlich stolz auf seinen Coup, wandte den Blick von seinem Computer und lächelte verschmitzt in die Runde. Der Saal applaudierte. Es rührte Krieg, dass »sein« Bär zur Eröffnung eines arktischen Umweltkongresses in Longyearbyen im Zentrum des Interesses stand.

»Er wollte dir nach Ende seiner Tour den Sender zurückbringen«, rief ein Physiker spöttisch.

Gelächter im Saal.

»Oder die Batterien wechseln!«, warf ein anderer ein.

Angesichts der Dichte dieses Forscherkonzentrats verbat sich jede Anteilnahme, jede Auseinandersetzung mit der Natur des Phänomens. Naturwissenschaftler neigen ohnehin dazu, ihre Emotionen hinter einem Schutzwall von

Wissen und der Pflicht zum Begreifen zu verbergen. Hans, den das Abenteuer weich gestimmt hatte, nahm die Zügel wieder in die Hand und regte in professoralem Ton eine Änderung der Tagesordnung an. Er hätte selbst am Nachmittag über das Thema referieren sollen und stellte nun der Versammlung die Entscheidung anheim, dies unter den gegebenen Umständen sofort zu tun. Niemand war dagegen.

Um sein Anliegen zu veranschaulichen, gab Krieg zu Beginn seines Vortrags einen allgemeinen Überblick über Sitten und Nöte des Eisbärlebens – eine rasche Synthese, die das Gedächtnis auffrischte und ein wenig Ordnung in den Wirrwarr der Gedankengänge brachte, die mit so vielen Dingen befrachtet sind.

»Das Leben des Eisbären ist unmittelbar mit dem Eis verbunden. Das ewige Eis ist sein Jagdrevier, der Asphalt seiner Wanderungen. In diesen Breiten mit ihren harten Lebensbedingungen sind die Tiere niemals unnötig unterwegs. Dass sie so große Entfernungen zurücklegen, hat einen überlebenswichtigen Grund: die Jagd auf Seerobben. Der Eisbär, *ursus maritimus*, mag ein guter Schwimmer sein, aber im Wasser kann er es mit den wendigen Robben nicht aufnehmen und würde schwimmend niemals eine zu fassen kriegen. Er legt sich also am liebsten an einem Eisloch auf die Lauer. Wenn die Robbe ihren Kopf herausstreckt, um Luft zu holen, gerät sie in seine Klauen, wird aufs Eis geschleudert und sofort getötet. Der Fleischfresser gönnt sich einen Festschmaus in einer Blutlache, das Eis und das elfenbeinfarbene Fell rund um seine Schnauze färben sich rot.

Das Frühjahr ist die Zeit, in der der Sohlengänger seine Reserven auffüllt, weswegen er Hunderte von Kilometern auf der Suche nach Seerobbenpopulationen zurücklegt. Ausgehungert von der langen Polarnacht kann er täglich eine Seerobbe verspeisen und verschlingt in weniger als einer Stunde bis zu hundert Kilo Fleisch und Fett, bevor er sich ein ausgiebiges Nickerchen gönnt. Wenn das Frühjahr die Zeit der Festessen ist, so fällt der Sommer schon bescheidener aus, weil das Eis, sein bevorzugtes Jagdrevier, schmilzt. In Ermangelung von Seerobben ernährt er sich von Beeren, Vögeln oder Füchsen. Diese Fastenkur kann freilich die Fortpflanzung der Art beeinträchtigen. Die nach einer kärglichen Saison abgemagerten tragenden Weibchen haben nicht genügend Fettreserven, um den ganzen Winter in ihrer Höhle zu fasten und ihre Jungen nach der Geburt zu nähren: Weniger Fett, weniger Milch ist gleichbedeutend mit einer verfrühten Geburt des Nachwuchses, der zu schwach ist, um Kälte und Hunger zu überstehen. Das Packeis ist ohne jeden Zweifel die einzige wirkliche Speisekammer für den Bär, in der er als alleiniges Raubtier das Sagen hat. Wie aber ist es um die Zukunft dieses Königs in einem Reich bestellt, das zu schmelzen droht? Wie Sie sehen, verehrte Kollegen, stellen die Sender, mit denen die Bären ausgestattet sind, einen beachtlichen Fortschritt dar. Durch die Untersuchung der Strecken, die sie zurücklegen, befriedigen wir aber nicht nur unsere Neugier, sondern verfolgen auch, wie sich das Meereis entwickelt. Mit Hilfe der Satellitenüberwachung werden die Tiere zu Indikatoren ihrer Umwelt.«

Damit beendete Hans Krieg seine durchaus didaktischen Ausführungen, und der Saal spendete erneut Applaus, eine Seltenheit bei einem wissenschaftlichen Kongress, bei dem die präzise Wortwahl in der Regel mehr zählt als die Form und der Übergang von einem zum nächsten Beitrag meistens geräuschlos verläuft. An jenem Tag aber war der Saal quer durch alle Disziplinen »gelöst«. Selbst die Spezialisten für Bodenkunde, bestens vertraut mit den strengen Regeln der exakten Wissenschaften, hatten sich auf die Stimmung eingelassen. Hans Krieg hatte nicht nur wissenschaftlich stichhaltig argumentiert, sondern sich darüber hinaus schlicht und ergreifend zum Anwalt des von ihm untersuchten Gegenstands gemacht. Sein Vortrag war, ohne dass er sich dessen bewusst gewesen wäre, auf Einwirkung jenes gewichtigen Zeugen erfolgt, der in der Stadt aufgetaucht und de facto zum Sprecher der Bären avanciert war. Dieses lebendige Zeugnis war bei allen angekommen.

Das menschliche Genie, dem die dort versammelten Forscher zuzurechnen sind, hat intelligente Satelliten in die Erdumlaufbahn geschickt, die präzise Daten zu den Gezeiten und zur Temperatur der Meere ermitteln, zur Verschiebung der Kontinente und zu den abschmelzenden Polkappen… Der Mensch untersucht die Erde im Dienste des Menschen, doch an jenem Morgen war das Meereis für die anwesenden Forscher nicht mehr nur ein Indikator für die

Erderwärmung. Es war ein Areal für Lebewesen, die, wie die Menschen auch, vom Willen zu leben beseelt sind.

Mit ohrenbetäubendem Lärm erhob sich der große Hubschrauber der Svalbard-Gesellschaft über einer Wolke aus Schnee. In etwa zehn Metern Höhe verlangsamte er sein Tempo, bis das Lastenseil sich spannte, und flog mit einem Netz unter seinem Bauch, in dem ein Bär schlief, davon. Sein zweijähriger Polarstreifzug mit einem Kunststoffband um den Hals hatte jedem seiner Artgenossen klar vor Augen geführt, dass dieses Männchen mit den Menschen in Kontakt stand. Als Sondergesandter hatte es dem Kongress die Klage sämtlicher Bewohner der Arktis übermittelt.

Ein Stück vom Paradies

Es war Mitternacht, und ich begab mich zur Wachübernahme auf die Kommandobrücke. Die Meldungen meines Vorgängers waren nicht weiter aufregend: alles in Ordnung, keine besonderen Vorkommnisse. Seit wir in Tromsö ausgelaufen waren, fuhren wir mit Motorkraft hinauf nach Spitzbergen: Es herrschte totale Flaute, das Meer war ruhig. Man musste also nur Kurs halten und die Temperatur der Maschinen im Auge behalten.

Ich liebte diese ruhigen Nächte in der Plicht, die von der Leselampe am Kartentisch und den Kontrolllämpchen auf dem Instrumentenbrett nur schwach beleuchtet war. Im Kokon dieser Blase mitten im Ozean spielte sich alles ab. Wenn die Gegenwart allen Raum für sich beansprucht, glaubt man, die Ewigkeit vor sich zu haben, und der von den Lasten des Alltags befreite Geist lässt sich treiben und kundschaftet lustvoll das Leben aus. In solchen grenzenlosen Momenten sprudeln die Einfälle wie selbstverständlich aus einem heraus. Meine eigenwilligsten und gewagtesten Projekte sind in diesen Ausnahmezeiten entstanden.

Ich hatte mich in irgendwelche Träumereien verloren, als

plötzlich eine Stimme aus dem Funkgerät auf der Kommandobrücke ertönte.

»Schiff in 165, Entfernung zwölf Seemeilen, bitte kommen.«

Der Mann sprach mit tiefer, geübter Stimme und redete Englisch mit starkem amerikanischem Akzent. Aber wo war er? Ich begriff nicht, woher dieser Funkspruch kam, ich hatte keinerlei Echo auf dem Radarschirm, und die Sicht draußen war gleich null. Die klare, gut vernehmbare Durchsage vermittelte den Eindruck, als befände er sich in Hörweite und wäre überraschend ganz in unserer Nähe aufgetaucht. Und schon hieß es wieder:

»Schiff in 165, Entfernung zwölf Seemeilen, bitte kommen.«

Es war dunkel vor Nebel, trotz der Mitternachtssonne, die jetzt, Ende Juni, ihren höchsten Stand erreicht hatte. Ich wartete noch ab, bevor ich antwortete, denn ich wusste nicht einmal, ob dieser Funkspruch auch wirklich uns galt.

Nach einer Weile tauchte in zehn Meilen Entfernung, genau auf unserem Kurs, ein schwaches Echo auf. Jetzt versuchte ich meinerseits, Funkkontakt aufzunehmen.

»Schiff in 345, Entfernung zehn Seemeilen, bitte kommen.«
»Ich verstehe Sie einwandfrei, wer sind Sie?«

Es war dieselbe Stimme, die mir antwortete. Sie kam mir sehr autoritär vor und klang jedenfalls nicht nach einem Scherzbold. Sie mochte von einem Fischereiwachboot stammen, möglicherweise auch von einem Militärschiff. Ich kam der Aufforderung nach.

»Hier Schoner *Antarctica*, unter französischer Flagge, wir haben Kurs auf Spitzbergen.«

Er redete sehr schnell mit einem starken Middle-West-Akzent, und ich hatte Mühe, alles zu verstehen. Immerhin bekam ich mit, dass wir uns auf unserem Kurs kreuzten und er darum bat, vorsichtig zu sein.

»Hier *Antarctica*, wer sind Sie und könnten Sie bitte wiederholen, ich habe nicht alles verstanden.«

»Hier US 575, ich teile Ihnen mit, dass wir ein Unterwassergefährt im Schlepptau haben, das sich zweihundert Meter hinter uns befindet.«

»Hier *Antarctica*, verstanden, Sie haben ein Unterwassergefährt im Schlepptau, das sich zweihundert Meter hinter Ihnen befindet.«

»US 575 clear.«

Es handelte sich also um ein amerikanisches Kriegsschiff im Einsatz. Für meinen Funkkollegen war die Sache anscheinend klar. Ich hatte gefälligst zu begreifen, dass er mit diesem Anhängsel nicht manövrierfähig war und wir uns gegebenenfalls von seinem Kurs zu entfernen hätten.

Das Radarecho kam relativ schnell näher, und in weniger als einer halben Stunde lagen wir Seite an Seite. In dem dichten Nebel konnte man die graue, homogene Masse des Schiffs der US Navy kaum erkennen. Auf dem Mast der Kommandobrücke bestätigten drei weiße, vertikale Lichter, dass hier ein Boot geschleppt wurde. Kein Wort, Funkstille. Sicherheitshalber drehten wir ab, um Abstand zu gewinnen, und das Schiff verschwand im Nebel. Die nächtliche Verfolgungsjagd hatte mich so in Atem gehalten, dass meine Wachzeit sehr rasch vorüberging, und um drei Uhr morgens wurde ich von der neuen Mannschaft abgelöst.

Beim Frühstück in der Messe sorgte der Zwischenfall noch immer für Gesprächsstoff, und ich stellte fest, dass sich dem nächtlichen Vorfall eine weitere, ebenso rätselhafte Episode hinzugefügt hatte. Eine halbe Stunde nach Ende meiner Wachzeit war in allergrößter Stille ein russisches Schiff im Nebel aufgetaucht. Es bewegte sich rund zwanzig Seemeilen hinter den Amerikanern. Was machten diese beiden feindlichen Schiffe im Juni 1995, fünf Jahre nachdem die Sowjetmacht sich ergeben hatte? Trotz der politischen Pleite hatten die Militärs, was das sowjetische Arsenal anging, noch immer die Hebel in der Hand, und wir waren zweifelsohne Zeugen eines Kontrollmanövers geworden, wie sie die Amerikaner in diesem strategisch wichtigen Gebiet noch immer durchführten. Wir hatten Kurs auf Spitzbergen, an der westlichen Grenze der Barentssee, dem einstigen Übungsgelände der in Murmansk stationierten U-Boote und sonstiger sowjetischer Kriegsschiffe. Wir befanden uns in der am stärksten militarisierten und atomar am höchsten gerüsteten Zone des gesamten Planeten. Damit waren wir durchaus einer näheren Überwachung würdig, auch wenn die Russen nicht mehr über die Mittel verfügten, sich die Welt untertan zu machen, ihren alten revolutionären Traum, der den Vereinigten Staaten noch immer Kopfschmerzen bereitet.

Je weiter wir Richtung Norden vordrangen, desto öfter

mussten wir zwischen Packeisausläufern durchsteuern, die immer kompakter wurden. Die Südwestküste von Spitzbergen war durch Treibeis besonders schwer zugänglich, weswegen wir über die offene See steuern mussten. Eine Nebelschicht über dem Meer brachte uns um die erste, ungeduldig erwartete Aussicht auf die Berge und Gletscher, auf denen wir den Winter verbringen würden. Wegen der noch immer herrschenden Windstille glitten wir mit laufendem Motor über ein ruhiges, unbewegtes Wasser, das sich nur im Zuge einer vom offenen Meer immer wieder herannahenden Welle, die nicht einmal ein Kräuseln verursachte, leicht hob. Das Meer schien so dickflüssig zu sein wie Tinte, es war tiefschwarz und stach gegen den grauen Himmel und die weißen Eisblöcke ab. Wenn ich weit nach vorn in den Nebel blickte, hatte ich zeitweise den hypnotisierenden Eindruck, über der Nacht in den Wolken zu schweben. Man musste dennoch auf der Hut sein, aber der Radar durchdrang die graue Suppe mit unbestechlichem Blick und wies uns den Weg durch diesen Irrgarten aus Eis. Wie viele Schiffbrüche, wie viel Ängste lassen sich doch heutzutage bei solch riskanten Fahrten vermeiden!

Am Eingang des Isfjord löste sich der Nebel auf, und zwei Stunden darauf erspähten wir Longyearbyen, die »Hauptstadt« von Spitzbergen. Mit dem Fernglas ließ sich ein Holzsteg am Fuße eines großen, von einem hohen Kamin überragten Gebäudes erahnen, bei dem es sich um das Kohlekraftwerk handeln musste, das auf den nautischen Karten verzeichnet war. Es ist üblich, vor der Einfahrt in einen Hafen der jeweiligen Behörde Bescheid zu geben, die rund um die Uhr Kanal 16 abhört, den internationalen Seenot-Kanal.

»Longyearbyen, Longyearbyen, Longyearbyen, hier *Antarctica*, bitte kommen.«

Trotz wiederholter Versuche blieb unser Funkruf ohne Antwort. Dabei war es neun Uhr morgens. Zwei Gabelstapler fuhren hin und her und transportierten Material jeder Art, das an dem Kai entladen worden war, zu verschiedenen Lagerhallen. Niemand schien sich für unser Schiff zu interessieren, und so gingen wir an dem alten Holzkai ordnungsgemäß vor Anker und warteten artig an Bord.

Bei der Ankunft im Ausland ist es grundsätzlich verboten, den Fuß an Land zu setzen, bevor Hafenbehörde und Zoll die üblichen Formalitäten abgewickelt haben. Nach einer Viertelstunde hielt einer der beiden Gabelstapelfahrer, ein kräftiger, forscher Bursche, blond wie ein Wikinger, sein Gefährt an und kam auf unser Boot zu. Er hatte den selbstsicheren Gang von jemandem, der in der Branche heimisch ist – für uns die Gelegenheit, uns kundig zu machen.

»Könnten Sie uns sagen, wo sich die Hafenbehörde befindet?«, fragte Jean.

»Da vorne«, antwortete er und zeigte auf eine winzige weiße Hütte am Ende des Kais.

Wir hätten es uns denken können: Eine orangefarbene Boje an der Wand und ein Feuerlöscher vor der Tür gaben ihr einen leicht offiziellen Anstrich.

»Wissen Sie, wann die öffnen? Da ist gerade niemand da.«

»Gegen Mittag, wenn das Schiff kommt.«

Mir wurde klar, dass uns niemand erwartete.

»Wo ist denn der Zoll? Wir würden gern an Land gehen.«

»Hier gibt es keinen Zoll, Sie können das Schiff verlassen, wenn Sie wollen.«

Dass Longyearbyen ein Freihafen war, wusste ich, aber dass es keinerlei Kontrollen gab, wunderte mich sehr, allein schon vor dem militärischen Hintergrund. Spitzbergen war noch so etwas wie eine letzte Bastion der Seespionage, wie sie die beiden größten Weltmächte untereinander betrieben, und es schien undenkbar, dass die Schiffsbewegungen nicht kontrolliert wurden. Die ausbleibende Überwachung überraschte mich so sehr, dass ich mich fragte, ob wir auch vorschriftsgemäß unterwegs waren. Vielleicht hatte dieser Hafenarbeiter nicht eine Sekunde daran gedacht, dass mit unseren Papieren etwas nicht stimmen könnte. Vielleicht war er überzeugt, dass wir, wie alle anderen auch, vorab die üblichen Formalitäten abgewickelt hätten. Spitzbergen ist in der Tat keine Durchlaufstation, hier kommt man an, es ist ein ultimatives Ziel, eine Reise, die man vorbereitet. Ehrlich gesagt, hatte ich mir überhaupt keine Gedanken gemacht, ob man eine Genehmigung benötigte.

Jetzt erinnerte ich mich auch, dass mir ein Freund geraten hatte, die Behörden vorab von unserer Reise in Kenntnis zu setzen. Ich erinnerte mich ferner, fünf oder sechs Monate zuvor ein Schreiben an den *sysselman*, den Gouverneur von Spitzbergen, gerichtet zu haben, um ihn über unser Überwinterungsprojekt zu informieren. Jetzt fiel mir schlagartig auf, dass ich nie eine Antwort erhalten hatte. Vielleicht hatte er meinen Brief auch nie bekommen. Mir brach der Angstschweiß aus. Alles hatte ich bedacht bei dieser Expedition, nur diese Verfahrenssache nicht. Wie stand ich jetzt da! Als dann ein großer Amtswagen vorfuhr, auf dessen Türen in großen Lettern »Sysselmanen« prangte, packte mich die Panik. Ein Mann mit Schirmmütze stieg aus und ging langsam auf das Schiff zu. Zunächst bewegte er sich Richtung Heck, wohl um den Namen und den Heimathafen zu überprüfen, dann kam er vor und blieb auf unserer Höhe stehen.

»Guten Tag, meine Herren.«

»Guten Tag, willkommen an Bord.«

Kaum hatte er den Fuß auf den Steg gesetzt, machte er ein strenges Gesicht, etwas verlegen wandte er sich an uns:

»Es tut mir Leid, aber ich muss Sie bitten, die französische Flagge am Schiffsheck zu entfernen.«

Was hatten wir nur verbrochen, dass man uns eine so einschneidende Weisung erteilte?

»Wissen Sie, es hat seit der Ankündigung Ihres Präsidenten, mit den Atomversuchen fortzufahren, fast überall in Norwegen antifranzösische Demonstrationen gegeben, und wir möchten dem vorbeugen.«

Mit einem Mal war ich an die feindlichen Reaktionen erinnert, mit denen wir in Hobart in Tasmanien während der Vorbereitung zur Expedition auf den Vulkan Erebus in der Antarktis aus denselben Gründen konfrontiert waren. Die Australier waren aufgebracht wegen der französischen

Atomversuche im Pazifik, und ich wusste noch sehr genau, wie beschämend es war, einer unerwünschten Nation anzugehören. Man fühlt sich unwohl, auch ungerecht behandelt und machtlos, denn man wird immer mit den politischen Entscheidungen seines Landes in Verbindung gebracht, auch wenn man diese nicht unbedingt befürwortet.

Um die Unfreundlichkeit auf die Spitze zu treiben, fügte der Polizeibeamte noch hinzu:

»Sie können hier nicht allzu lange bleiben, weil für heute Mittag ein Schiff erwartet wird. Sie sollten etwas weiter weg festmachen, damit Sie nicht im Weg stehen.«

Nach diesen eher kühlen Empfehlungen entspannten sich seine Züge. Es war ihm ganz offensichtlich unangenehm, uns einen solchen Empfang bereiten zu müssen. Mit einem musternden Blick über die Brücke und die Masten entlang bis zu deren Spitze murmelte er in den Bart:

»Schönes Schiff.«

Es folgte eine kurze Stille, bevor er mit leichtem Bedauern in der Stimme hinzufügte:

»Tja, ich muss jetzt wieder gehen.«

Der Mann wirkte unversehens sympathischer, aber ich war immer noch nicht darüber aufgeklärt, ob unser Vorgehen auch den Vorschriften entsprach, und hatte einige Fragen an ihn. Er tat sich keinen allzu großen Zwang an, als er meiner Einladung folgte, doch ein paar Minuten auf einen Kaffee hinunter in den Salon zu kommen. Als er am Tisch saß, schien er es kaum fassen zu können, nun hier zu sein. Er erzählte uns von seinem Interesse für die Polarseefahrt und sagte zu meiner großen Überraschung, dass ihm die *Antarctica* durchaus ein Begriff sei. Er öffnete den Aktendeckel, den er die ganze Zeit über in den Händen zusammengerollt hatte, und zeigte uns stolz einen Artikel, den er aus einem norwegischen Seefahrtsjournal ausgeschnitten hatte: »Die *Antarctica* auf den Spuren der *Fram*«. Uff! Wir waren in Freundesland. Am meisten aber überraschte mich, dass ich in dem Aktendeckel den Brief entdeckte, den ich an den Gouverneur gerichtet hatte, um ihn über unsere Überwinterung zu informieren; er war auf den 12. Dezember 1994 datiert.

»Sie sehen, ich war über Ihre Ankunft informiert und habe Sie auch in diesen Tagen erwartet. Jetzt muss ich gehen. Melden Sie sich ruhig bei mir, wenn irgendetwas ist. Ich heiße Olaf Paterson«, sagte er und reichte mir eine Visitenkarte mit seiner beruflichen und privaten Telefonnummer.

Als er auf der Landungsbrücke stand, sagte er noch:
»Das Schiff soll gegen Mittag kommen und bleibt nicht sehr lang. Wenn es abgelegt hat, können Sie wieder am Kai festmachen, wenn Sie wollen.«

»Vielen Dank! Und wie machen wir das mit den Papieren?«

Er drehte sich zu mir um und antwortete schmunzelnd:
»Schon recht, das geht in Ordnung.«

Mir war das alles schleierhaft, aber ich war so erleichtert, als hätte ich damit das Schlimmste schon hinter mir. Trotz meines Alters und meiner Erfahrung gibt es immer noch eine anarchische Seite in mir, die sich gegen die Willkür von

Verordnungen sträubt. Ich tue oft so, als würde ich sie ignorieren, aus Angst, mich von ihnen unter Druck setzen zu lassen. Aber ich muss gestehen, dass ich nach jedem erfolgreich durchlaufenen Verwaltungsakt eine Mischung aus Stärke und Erleichterung verspüre, wie das eben bei jeder Selbstüberwindung der Fall ist. Das Gefühl von Freiheit wird wohl erst greifbar, wenn es auch Grenzen gibt.

Die *Lance* traf planmäßig gegen Mittag ein. Es war ein graues Schiff der norwegischen Marine, mit verstärktem Rumpf, der es auch für Fahrten durchs Eis tauglich machte. Das Vorderdeck mit Geschützturm und Kanonen wirkte recht martialisch und hob sich stark vom Hinterdeck mit Winden und Heckgalgen zu Forschungszwecken ab. Der Zweite Kapitän, mit dem ich auf dem Kai ein paar Worte gewechselt hatte, hatte mir erklärt, dass es sich um ein »Expeditionsschiff« handelte, das für Einsätze aller Art gerüstet war: Meereskunde, Seewacht, Hilfeleistung für die Fischer, Bereitstellung wissenschaftlicher Teams vor Ort... Er war äußerst zufrieden mit seinem Schiff.

»Das ist eine sehr interessante Arbeit, auch wenn die Bedingungen unterwegs manchmal eher hart und schwer vorhersehbar sind. Man muss sich anpassen, improvisieren... Ich wurde vor zwei Jahren auf dieses Schiff abkommandiert, und ich hoffe, dass ich noch eine Weile bleiben kann.«

Das Schiff machte einen kurzen Zwischenstopp, um einen Teil der Mannschaft abzulösen und frische Lebensmittel zu laden. Wie angekündigt, nahm die *Lance* gegen 15 Uhr wieder Kurs aufs Meer und brachte zwei Wissenschaftler in das Schutzgebiet Moffen – eine ringförmige kleine Insel im äußersten Norden von Spitzbergen, auf der eine stattliche Walrosskolonie beheimatet ist. Die beiden Wissenschaftler arbeiteten für Ian Gjertz, einen Walrossspezialisten des norwegischen Polarinstituts. Der ältere der beiden hatte den strahlend blauen Blick und den Zottelbart eines Menschen, der schon seit ewigen Zeiten sein Leben im Freien verbringt.

»Ich habe meine ersten Fahrten vor zweiundzwanzig Jahren an Bord der alten *Polar Star* gemacht. Wegen des Eises konnte man erst Ende Juli rauffahren, aber jetzt, wo das Packeis zurückgeht, fahren wir schon Ende Juni. So können wir die Neugeborenen beobachten.«

Dieser Mann liebte Walrösser, und er redete auch gern über sie. Das Schiffshorn der *Lance* ertönte, um die Leute an Bord zu holen.

»Tut mir Leid, aber ich muss los«, verkündete der anonyme Forscher und verabschiedete sich mit kurzem Wink. An seinem Lächeln konnte man erkennen, dass er auf dieser Welt seine ökologische Nische gefunden hatte.

Am späten Nachmittag kam Olaf nach Dienstschluss noch einmal bei uns vorbei. In inoffizieller Mission wirkte er entspannter. In unserem Gespräch erwähnte ich die beiden Schiffe, die beim Verlassen der Barentssee einander gefolgt waren.

»Ah, Sie sind ihnen begegnet!«, rief er und lachte laut auf. »Die Amerikaner haben einen U-Boot-Detektor im Schlepptau, und die Russen fahren hinterher, um darauf aufmerksam zu machen, dass sie auch da sind. So geht das schon seit dreißig Jahren.«

Beim zweiten Gläschen Muskatwein, der Olaf zu munden schien, kam ich erneut auf das Thema zu sprechen, das mich am Morgen so beunruhigt hatte und noch immer ungeklärt war.

»Sagen Sie, Olaf, warum wurden wir bei unserer Ankunft nicht kontrolliert?«

»Es gibt keinen Zoll hier. Spitzbergen steht unter norwegischer Staatshoheit, aber es ist internationales Gebiet und wird auf der Grundlage eines Vertrag verwaltet, der übrigens 1920 bei euch in Paris unterzeichnet wurde. Die Staatsangehörigen aller Unterzeichnerländer können sich frei bewegen, und Sie könnten sich sogar jederzeit hier niederlassen. Das ist finanziell nicht uninteressant, und man zahlt auch keine Steuern!« Und lächelnd fügte er hinzu: »Wissen Sie, wenn man von der Einsamkeit absieht, der Kälte und den vier Monaten Polarnacht, ist Spitzbergen ein echtes Paradies.«

Wir hatten ein ganzes Jahr Zeit, um dieses Paradies zu erkunden.

Träume vom Eldorado

Nichts drängte uns. Das Wetter war schön, so unbeweglich schön, dass man denkt, es bliebe bis in alle Ewigkeit so. Auf dem glatten Meer spiegelte sich die Gletscherzunge. Wir hatten Zeit, heute würde es nicht dunkel werden. Langsam glitt das Schiff in paradiesischer Stille dahin. Ein knappes Dutzend Vögel stürzte sich auf einen Krill-Schwarm, den sie eilig verschlangen, es waren Gryllteisten, leicht zu erkennen an den deutlich sichtbaren weißen Flecken seitlich auf ihren angewinkelten Flügeln. Kurz bevor sie zuschnappten, sah man immer ihren schön gefärbten zinnoberroten Rachen, der mit dem pechschwarzen Kopf und Hals kontrastierte. Die Schwimmfüße, mit denen sie übers Wasser paddelten, trugen dasselbe Rot. Welcher Künstler hat sich diese Wunder der Schöpfung wohl ausgedacht?

Als wir von Norden kommend die Königsbucht erreichten, fuhren wir in einiger Entfernung entlang einer vertikalen Eisschranke, die sich rund fünfzehn Meter hoch über das Meer erhob. Mitte Juli war das Kalben schon weit fortgeschritten, und jeden Moment konnten Eisblöcke abbrechen. Wir fuhren zur Halbinsel Blomstrand gegenüber von

Ny Alesund, angezogen von den Spuren eines Marmorbruchs, in dem die Engländer zu Beginn des Jahrhunderts tätig geworden waren. Ich wollte wissen, was Menschen dazu bewogen hatte, sich bis hierher vom Abenteuer locken zu lassen. Die felsige Halbinsel ragt wie ein Wurmfortsatz aus der Inselmasse und teilt die Vorderseite eines sehr breiten, rund zehn Kilometer langen Gletschers. Es war nicht leicht, die Entfernungen abzuschätzen und sich nach Augenmaß ohne menschlichen Anhaltspunkt, ohne Bäume und Häuser entlang dieser lang gezogenen Eiswand zu bewegen... Doch kam uns diesbezüglich keinerlei Verdienst zu, das GPS (Global Positioning System) übermittelte uns jederzeit höchst präzise die genaue Lage des Schiffs. Das felsige Plateau, das eine knappe Seemeile vor uns lag, war zweifelsfrei die Halbinsel Blomstrand. Etwas aber machte mich stutzig: Der Karte nach hätte der Gletscher sich seitlich von uns nach Süden hin runden und in die Halbinsel übergehen müssen. Die Eisfront schien aber ganz im Gegenteil geradewegs Richtung Osten weiter zu verlaufen, als sei sie losgelöst von der Halbinsel. Durch das Fernglas erahnte man etliche Eisberge, die offenbar zwischen Gletscher und Küste aufgelaufen waren: Ich stand der Situation etwas ratlos gegenüber.

Mit einem Mal schrie Rick, der eilig ins Krähennest gestiegen war:

»Das Land vor uns ist nicht die Halbinsel, es scheint eine Insel zu sein, die deutlich vom Gletscher getrennt ist. Es stehen lauter dicke Eisblöcke am Horizont, und ich kann nicht erkennen, ob es eine Durchfahrt gibt oder nicht!«

Eine Insel! Was um Himmels willen machte diese nicht kartographierte Insel hier, bei der es sich wahrlich nicht nur um einen kleinen Brösel handelte? Wir schalteten in den Leerlauf, um die Gegebenheiten in aller Ruhe zu untersuchen. In dem Monat, den wir jetzt in Spitzbergen unterwegs waren, hatten wir mehrfach bemerkt, dass die vom GPS und die auf der Karte angegebene Position manchmal bis zu einer halben Seemeile, also fast einen Kilometer voneinander abwichen. Jetzt aber begriff ich gar nichts mehr. Warum war diese Insel nicht auf den ansonsten äußerst genauen norwegischen Karten verzeichnet? Langsam fuhren wir in einer sehr schmalen Fahrrinne zwischen den Eisbergen hindurch, die Augen auf das Peilgerät gerichtet, bereit, beim geringsten Ansteigen des Wassers Fahrt achteraus zu machen: Wir bewegten uns in unbekanntem Gewässer. Der Steven bahnte sich einen Weg zwischen immer dichter stehenden Eisblöcken. Nach einer halben Stunde langsamer Fahrt verkündete Fred, dass wir auf halber Höhe der Insel angekommen seien, aber er konnte noch immer nicht sehen, ob es am anderen Ende der Fahrrinne auch eine Ausfahrt gab. Ich drückte die Daumen, denn wenden war ausgeschlossen, und die Vorstellung, diese Passage im Rückwärtsgang zu absolvieren, gefiel mir ganz und gar nicht. Plötzlich stieg der Wasserstand auf dem Bildschirm unseres Echolots bedenklich an. Wir lasen die Abdrift im obersten Bereich ab. Sechs Meter, fünf, vier, drei Meter fünfzig... Auf einer sehr kurzen Strecke stabilisierte sich der Wasserstand, bevor er wieder fiel: Wir hatten die Schwelle passiert. Rick schrie oben vom Mast herunter:

»He, Jungs, vorn ist alles in Ordnung!«

Uff! Ich fühlte mich befreit und bekam eine klarere Vorstellung von der Situation. Allmählich begriffen wir, was wirklich vor sich ging. Die letzten Korrekturen der Karte stammten aus dem Jahr 1982; eine Gletscherschmelze war dort bereits verzeichnet, ein Phänomen, das in fast jedem Fjord auftrat, doch hier in deutlich beschleunigter Weise: Aus der Halbinsel Blomstrand war eine Insel geworden, die vom Gletscher klar durch eine Fahrrinne getrennt war. Angesichts einer solchen Veränderung trat die ganze Tragweite der Polschmelze zutage. Natürlich war dieses Phänomen nicht erst ein paar Jahrzehnte alt. Wenn man sich die Stiche der französischen Expedition auf der *La Recherche* aus dem Jahr 1838 ansieht oder die des Fürsten Albert von Monaco aus den ersten Jahren des 20. Jahrhunderts, kann man feststellen, wie viel Wasser die Ozeane in weniger als zwei Jahrhunderten hat anschwellen lassen. Noch beeindruckender allerdings war die Höhe der Seitenmoränen, jener Felstürme, die die Gletscher auf den Berghängen ablagern. Während der letzten Maximalvereisung waren sie stellenweise über dreihundert Meter höher als die jetzigen Gletscher. Da verwundert es nicht, dass der Weltmeeresspiegel in 18 000 Jahren um hundertzwanzig Meter angestiegen ist und die Wandmalereien in der Höhle Cosquer in Cassis rund vierzig Meter unterhalb des derzeitigen Mittelmeerspiegels zu finden sind!

Als wir die Fahrrinne verließen, befanden wir uns also an der Ostküste der Insel und drehten nach rechts in Richtung

Südspitze der entschwundenen Halbinsel. Ganz am Ende bot ein kleiner natürlicher Hafen, der sich in den Fels gegraben hatte, die Möglichkeit, geschützt vor der Dünung an Land zu gehen. Vor uns ragte ein verrosteter Kran über das Meer hinaus, die Spitze stolz in den Himmel gereckt, und zeigte an, dass wir uns sehr wohl an der historischen Stätte des verlassenen Steinbruchs befanden; es gab keinen Zweifel. Spuren einer Eisenbahnlinie führten zu den Ruinen der Anlage. Mittlerweile eingestürzte Holzgebäude hatten einer Hand voll Gelegenheitsarbeitern, die von der Illusion des Wohlstands angelockt worden waren, Unterkunft geboten. Auf dem massiven Untergrund dessen, was einst wohl der Aufenthaltsraum war, stand noch die oxidierte Hülle eines Kohleofens. Ein Wellblech, mit einem Stück Draht am metallenen Gerüst eines Schuppens befestigt, knarzte im Wind. Gusseisernes Baumaterial lag über dem moosbedeckten Boden verstreut. Eine alte Lokomotive und ein Hebekran harrten am Ende der Schienen aus. Trotz des zeitbedingten Verfalls schien alles seit jenem Tag im Jahr 1913 erstarrt, als das Leben im Steinbruch ein Ende fand: Der Lokomotivführer fuhr seine Lok an den Anschlag, ließ den Dampf ab und schloss gewissenhaft sämtliche Ventile; dann stieg er aus. Die Lok wurde nie wieder bewegt. Zighundertmal hatte er die einzelnen Handgriffe wie im Schlaf ausgeführt, bis zum letzten Tag. Es gibt solch scheinbar banale Momente, durch die das Leben immer wieder absichtslos eine unwiderrufliche Wendung nimmt.

An und für sich waren diese gewöhnlichen Ruinen nicht

weiter Aufsehen erregend, aber ihre Prägnanz an diesem verlassenen Ort ließ unweigerlich an die Geschichte jener rund vierzig Männer denken, zum Großteil schottische Minenarbeiter, die von der Northern Exploration Company angeworben worden waren. Deren Gründer war Ernest Mansfield, ein Londoner Bergbauingenieur. Der weit gereiste Abenteurer war in den Goldminen Neuseelands, Australiens und Amerikas gewesen, bevor er sich in Spitzbergen auf die Suche nach dem Edelmetall begab. Gold fand er auf dieser Halbinsel nicht, dafür aber einen Marmorbruch, den er unverzüglich für sich beanspruchte. Er war sich seiner Sache sicher und konnte auch etliche Investoren überzeugen. Nach zweijähriger Vorarbeit und dem unwirtlichen Klima zum Trotz wurden die ersten Marmorplatten über Tage abgebaut. Leider aber ließ das Gutachten eines Geologen, der im Juli 1913 dorthin entsandt wurde, keine Zweifel zu: Der Marmor war von ausgesprochen schlechter Qualität und so brüchig, dass er auf dem Transport nach England nicht einmal den Erschütterungen der Nordsee standgehalten hätte. Dieser unumstößliche Bescheid hatte zwangsläufig die Schließung des Marmorbruchs und die Entlassung der Arbeiter zur Folge. Mansfield wurde des Betrugs bezichtigt und von der Aktionärsversammlung seines Postens enthoben. Damit war das Abenteuer Marmor auf der Halbinsel Blomstrand beendet, andere folgten auf dieser Insel im hohen Norden: Phosphat, Kohle, Edelmetall, Start-ups, denen im Laufe der Zeit ein ebenso flüchtiges Schicksal beschieden war.

Alle Enden der Welt weisen Narben dieser Eldorado-Suchenden auf, die ihre Heimat verlassen und mit dem wagemutigen Anspruch, sich eine eigene Welt zu erschaffen, ins Unbekannte aufbrechen. Auch wenn dieser Schrotthaufen auf Schwindel und Verschlagenheit gründete, fühlte ich mich doch wohl auf ihm. Dies war nicht irgendein Bauwerk, das Metall war authentisch, alles war durchdrungen von der Willenskraft und vom Mut seiner Pioniere. Dieser Niedergang inmitten eines fantastischen Dekors verströmte noch immer den Geist der Freiheitssuche. Abenteuer ist jener schmale Grat, auf dem die Lebenslust die Kluft zwischen der Ablehnung von Konventionen und der Aussicht auf Eroberungen überbrückt.

Eine stellenweise zerstörte Kanalisation führte auf die Anhöhen der Insel. Unwillkürlich folgte ich ihr. Sie verlief durch torfartiges Sumpfgebiet, auf dem eine üppige arktische Vegetation aus Moos, Steinbrech und Mohn gedieh ... Als ich ein grasbewachsenes Plateau erreichte, überraschte ich eine Gruppe Rentiere, die in aller Seelenruhe in der Sonne wiederkäuten. Das Männchen mit seinem schönen Geweih sah mich näher kommen, ohne mit der Wimper zu zucken. Zwei Weibchen samt Jungen mit ihren weißen Hinterteilen zogen ruhig von dannen und wandten zur Abwägung der Gefahr alle zehn Schritte den Kopf. Bevor das Männchen das Signal zum Aufbruch gab, blieb ich stehen, um sie nicht noch mehr zu stören. Nahrung ist hier so rar, dass jede Kalorie hart erkämpft ist, und es ist kriminell, die Tiere zu nötigen, verschwenderisch mit ihrem Kräftehaushalt umzugehen. Ich nahm einen anderen Weg.

Kaum hatte ich ein paar Schritte gemacht, ging ein brauner Vogel im Sturzflug auf mich nieder und streifte mich mit seinen ausgebreiteten Flügeln. Er gab wütende Laute von sich. Seine Aggressivität machte mir klar, dass er sein Territorium verteidigte. Er war so dunkel und kräftig wie Skuas, jene mächtigen Raubvögel, die in der Antarktis in den Kinderhorten der Pinguine Angst und Schrecken verbreiten. Dieser Raubvogel gehörte ohne Zweifel derselben Familie an: Es war eine Raubmöwe. Sobald ich stehen blieb, ließ seine Angriffslust nach. In meinem Meeresvögelführer, der immer unten in meinem Rucksack verstaut ist, erkannte ich die Spatelraubmöwe, eine der drei Arten, denen man hier in der Arktis begegnet. Im Kapitel Allgemeines stand zu lesen, dass die Raubmöwe räuberische Sitten pflegt: »Sie setzt anderen Meeresvögeln so lange zu, bis sie von der Nahrung lassen, die sie mit sich führen.« Je weiter ich vordrang, desto bedrohlicher wurden ihre Attacken. Sie hielt sich direkt über mir, und ich spürte, wie der Luftzug ihrer Flügel immer näher an meinen Kopf drang, was mir eine Gänsehaut verschaffte. Das Überleben der Gattung zwingt die Tiere zu unvermuteter Kühnheit, und dieser Vogel schien zu allem bereit, um sein Gelände zu verteidigen. Auch wenn ich objektiv gesehen nicht gefährdet war, gelang es ihm doch, mich zu verunsichern. Blieb ich stehen, stellte er seinen Angriff ein und erhob sich wieder in die Lüfte. Sein Nest war nicht weit weg, aufmerksam suchte ich das Heideland ab. Plötzlich machte sich rund zehn Meter vor mir noch eine Spatelraubmöwe am Boden zu schaffen und wanderte tölpelhaft zwischen den Steinen umher, mit einem verrenkten, nach oben wegstehenden rechten Flügel, sie stolperte und stieß kurze Schmerzenslaute aus. Es war ganz offensichtlich das Weibchen, das versuchte, meine Aufmerksamkeit auf sich zu lenken, um mich von meinem Weg abzubringen. Nie zuvor hatte ich eine derart bewegende Simulation gesehen. Es war schamlos, ihr noch länger meine Präsenz zuzumuten, und ich blieb stehen. Bevor ich umkehrte, graste ich den Boden mit spähendem Blick ab, und mit einem Mal begriff ich, warum diese Vögel so außerordentlich aufgeregt waren. Nur wenige Schritte trennten mich vom Ernstfall. Ein grünbraunes Ei lag direkt am Boden, wenige Meter von meinen Absätzen entfernt und lediglich mit ein wenig Reisig umgeben. Farblich war es von Steinen und Moosen nicht zu unterscheiden, und ich hätte es zertreten können, hätten die Eltern nicht Alarm geschlagen. Dass diese Raubvögel ihre Eier am Boden lassen, erklärt sich allein dadurch, dass sie in Tausenden von Generationen gelernt haben, Räuber – Bären und allen voran Füchse – fernzuhalten. Andernfalls wären sie bereits ausgestorben oder hätten sich, wie andere Arten auch, angewöhnt, an unzugänglichen Orten zu nisten.

Mit der egoistischen Freude eines Kindes, das das Versteck des Vogels entdeckt hat, kehrte ich zum Schiff zurück, aber der Erwachsene kam an seinem Schuldgefühl nicht vorbei, da er genau wusste, welch ungeheuren Stress er diesem Spatelraubmöwenpaar soeben verursacht hatte. Am Horizont fuhr ein Passagierschiff mit dreihundert Touristen Richtung Ny Alesund und weiter zum Königsgletscher! Ich wusste, dass sie wie ich an Land gehen würden, und fragte mich, was wir hier an diesem Ort verloren hatten, der seit der Schaffung der Welt unverändert geblieben war. Wie viele Jahre würde diese Raubmöwe brauchen, bis sie gelernt hätte, ihr Nest in zerklüftetem Fels anzulegen?

Das Chaos der Evolution

Spitzbergen hat jene Anziehungskraft unzugänglicher Gegenden, für die sich die Menschen leidenschaftlich engagieren, weil sie hier noch den ewigen Traum vom Gelobten Land verfolgen. Hier haben sich dieselben Geschichten zugetragen wie in allen Eldorados dieser Welt. Gekämpft wurde immer um dasselbe: Rohstoffe und heimatliche Gebietszuwächse. Auf der einen Seite standen die von Industriellen und Bankiers verpflichteten Abenteurer, Wissenschaftler oder Führernaturen vor Ort, auf der anderen die politischen Akteure, die aus der Ferne ihren Gebietshunger zu stillen suchten.

Ernst wurde es hier mit der im 17. Jahrhundert einsetzenden Jagd auf den Grönlandwal. Dafür wurden von sämtlichen Schifffahrtsgesellschaften eigens Basken aus der Biscaya angeheuert, tapfere, tatkräftige Burschen mit der ganzen Erfahrung ihrer Vorväter, die den Stoß mit der Harpune perfekt beherrschten. Bei diesen beherzten Burschen lief der Wal unter der Bezeichnung »franche« (»geradlinig und offen«), weil er sich, wenn er getroffen war, nicht mehr zur Wehr setzte wie der Pottwal vor den Azoren. Ferner hatte er den Vorteil, dass er, tödlich verletzt, nicht unterging, da sein Körper wegen der dicken Fettschicht an der Oberfläche trieb. Dieses ausgesprochen begehrte Fett, auch Blubber genannt, lohnte allein schon die Reise. Zu Zeiten der ersten Walfangkampagnen wurden die Tiere an Land zerlegt, in geschützt liegenden Buchten, in denen die Walfänger in Hütten Unterschlupf fanden. Man musste einen leicht abschüssigen Kieselstrand finden, um die Körper an Land zu schaffen – ein Grönlandwal ist fünfzehn Meter lang und wiegt zwischen dreißig und vierzig Tonnen! An Land wurde der Speck unter der Haut des Wals in dicke Streifen geschnitten und in riesigen Töpfen über einem Holzfeuer geschmolzen. In Spitzbergen wächst kein einziger Baum, aber paradoxerweise fehlt es nicht an Holz, denn an allen Küsten liegen Stämme verstreut, die nach langer Reise dort angeschwemmt werden. Die großen Flüsse Russlands führen sie bis zum Nordpolarmeer mit sich, bevor das Packeis sie in seiner langsamen Drift weiterbewegt. Selbst im Süden Grönlands sind sie noch zu finden.

Der Waltran wurde anschließend in Eichenfässer abgefüllt, die in regelmäßigen Abständen per Schiff nach Europa gebracht wurden. Walöl diente vor allem zur Straßenbeleuchtung in den Städten und zur Herstellung von Seife. Anfangs war man nur am Tran interessiert, aber die Industriellen verstanden sich sehr bald darauf, sämtliche Ressourcen der Grönlandwale, die bedenkenlos als lebendige Rohstoffquellen betrachtet wurden, nutzbar zu machen. Die Knochen wurden zu Klebstoff und gallertartigen Substanzen verarbeitet, aus dem Fischbein der Barten fertigte man Bestandteile für Korsetts, Hemdkragen und Regenschirme, bevor diese durch Kunststoff ersetzt wurde. Als Barten bezeichnet man die beweglichen Besen, die anstelle von Zähnen im Oberkiefer der Wale sitzen. Wale gliedern sich in zwei Untergattungen: Bartenwale, zu denen auch der Grau- und der Buckelwal zählen, und Zahnwale wie der Schwert- oder der Pottwal. Während Zahnwale große Beutetiere fangen, filtern Bartenwale ihre Nahrung, die hauptsächlich aus Krill besteht, aus dem Meerwasser. In Spitzbergen wurde vor allem auf den Grönlandwal Jagd gemacht, und die Fangzeit war auf die drei Sommermonate beschränkt, in denen das Meer schiffbar und für die Wale wie für die Schiffe vom Eis befreit war.

Die Walfangexpeditionen wurden zunächst von Holländern und Deutschen unternommen, später von Skandinaviern, Briten und Franzosen. Um 1700 zählte man in den Gewässern rund um Spitzbergen bis zu dreihundert Schiffe pro Saison! An Land begann der Platz rar zu werden, und die Gebietsansprüche zogen diplomatische Spannungen zwischen den einzelnen Staaten nach sich. Die Walfänger begegneten diesen Problemen, indem sie die Fänge noch im Wasser zerlegten, was bewirkte, dass noch mehr Tiere abgeschlachtet wurden, und die Arbeit der Männer schneller erledigt war. Der Wal wurde am Schiffsrumpf festgebunden, die für das Zerlegen der Tiere zuständigen Männer stiegen darauf und schnitten mit ihren großen, scharfen Messern Haut- und Fettgewebe herunter. Schwärme von großen und kleinen Möwen, auch die seltenen Spatelraubmöwen, folgten dem Schiff leewärts, rissen Fleischbrocken und Stücke von den Innereien aus den toten Tieren heraus und ließen sich in einer Spur aus blutrot gefärbtem Wasser treiben. Wenn hoher Seegang den Balanceakt am Schiff nicht erlaubte, wurde der Wal in eine geschützte Bucht geschleppt oder an die Packeiskante, die als Pier diente. Wenn das Tier zerlegt war, landete das Gerippe im Meer oder wurde an eine Küste gespült, wo sich Füchse und Bären ein Fressgelage lieferten.

Die Männer schufteten hart, ohne Unterbrechung, und am Ende ihrer endlosen Wachtörns brachen sie in voller Montur in der Mannschaftskoje zusammen. An Bord herrschte ein pestilenzartiger Gestank aus ranzigem Fett, frischem Blut und verwesendem Fleisch. Die ganze Saison über wusch man sich nicht und zog sich nicht um. Wozu auch? Alles war sofort von dem dickflüssigen Fett durchdrungen, das überall seine Spuren hinterließ und das man nicht mehr loswurde. Man durfte keine Schwäche zeigen, denn es herrschte harter Wettbewerb. Die großen Gesellschaften hatten das Sagen und teilten die mit den Regierungen ausgehandelten Fanggebiete unter sich auf. Entsprechend der Produktionsmenge legten sie auch den Preis für das Öl fest. Die Laderäume mussten auf Teufel komm raus gefüllt, die Ausbeute schnellstmöglich auf den Weg gebracht werden. Man verschwendete kaum einen Gedanken an die qualvolle Arbeit der Männer und erst recht nicht an die Folgen dieser blutrünstigen Plünderei, die sich abzeichnende Ausrottung einer ganzen Art. Im Jahr 1722 töteten allein holländische Waljäger tausendeinhundert Grönlandwale, was 58 000 Fässern zu 233 Litern Waltran und fünfhundert Tonnen Knochen entsprach. Es wurden weit mehr Tiere abgeschlachtet als zur Welt kamen. Man geht davon aus, dass eine Walpopulation jährlich um zwei Prozent wächst. Nach zwei Jahrhunderten willkürlicher Jagd aber war die Art dezimiert. In Spitzbergen und an der Ostküste Grönlands gibt es definitiv keine Grönlandwale mehr, seit 1850 wurde hier kein Exemplar mehr gesichtet.

Es ist erstaunlich, dass auch heute noch etliche Lebewesen und Lebensräume, Fische, Wildtiere, Wälder, mit der gleichen Gier und ohne Rücksicht auf Reproduktionsfähigkeit und Erneuerbarkeit ausgebeutet werden. Zum Zeichen ihrer Sorge finanzieren die verantwortlichen Politiker und Firmen, die diese Reichtümer für sich nutzbar machen, Studien über den Umgang mit den verbleibenden Beständen und die Auswirkungen auf das Ökosystem. Die daraus abgeleiteten Empfehlungen werden freilich nur sehr selten oder nur teilweise in die Tat umgesetzt. Die Untersuchungen dienen dem schönen Schein. Massive Übergriffe auf die Natur sind heutzutage grundsätzlich verdammenswert, denn jedermann weiß, was für verheerende Störungen des Gleichgewichts sie langfristig bewirken. Man kann die Verursacher dieses Raubbaus an der Natur nicht länger mit ruhigem Gewissen schlafen lassen. Man muss begreifen, dass ein Ökosystem ein großes Dorf mit Namen »Biotop« ist, in dem sämtliche Arten aufeinander angewiesen sind. Jede einzelne hat ihre Eigenheiten, und ihre Lebensweise bedingt die einer oder mehrerer anderer Arten. Die brutale Auslöschung einer Art bringt ein Gleichgewicht ins Wanken, das sich über Jahrtausende entwickelt hat. Mehrere Fragen drängen sich auf: Wie lange wird es dauern, bis Arten, die von einer ausgestorbenen Art abhängig sind, sich an neue Ressourcen oder andere Lebensräume gewöhnt haben? Hat überhaupt jemand Angst vor der Flut ökologischer Umwälzungen, die das nach sich zieht? »Biotop« ist auch das Dorf des Menschen, und er kann sich dem Geflecht des gegenseitigen Nutznießens, das er mit seiner Allmacht auf den Kopf stellt, nicht entziehen. Die Gefahr wird im unendlich Kleinen liegen, in Mikroorganismen, die schneller mutieren als unsere Abwehr. Ein Wal stirbt aus, und die Welt hat ein verändertes Gleichgewicht. Noch kann niemand ermessen, welche Folgen das nach sich zieht.

In Spitzbergen hat man sich dem Land zugewandt, nachdem das Meer als Quelle erschöpft war. Die Insel war attraktiv, ein Niemandsland, bar jeder offiziellen Zugehörigkeit, das man beliebig für sich beanspruchen konnte, sofern man sich dort niederließ. Wie zuvor beim Walfang, traf man in der Folge Abenteurer aus Amerika, Holland, Großbritannien, aus Schweden, Deutschland, Norwegen, auch aus Russland. Sie fanden vor allem Steinkohle. Doch es war nicht genug für alle da, zudem gestalteten sich die Bergbauarbeiten wegen der klimatischen Bedingungen und der Entfernungen extrem schwierig. Die Transportkosten für das Gestein nach Europa machten die ohnehin geringe Gewinnspanne zunichte. Die in diesen unwirtlichen Breiten über alle Maßen ausgebeuteten und unterbezahlten Minenarbeiter befanden sich regelmäßig im Streik. Die Gebietsansprüche der Bergwerksgesellschaften vergifteten die zwischenstaatlichen Beziehungen. Die Schlacht um die Kohle wurde zum Alptraum. Erst nach Ende des Zweiten Weltkriegs brachte der bereits 1920 unterzeichnete Vertrag von Versailles ein wenig Ordnung in das diplomatische Verwirrspiel. Zwei Nationen setzten sich in der Region durch: Norwegen, das die Staatshoheit erhielt, und die junge Sowjetmacht, die zu Beginn des Kalten Krieges mehr Interesse an der geographischen Lage als an den Bodenschätzen hatte. Wenn man das Land schon für sich beanspruchte, konnte man auch von dem profitieren, was der Boden hergab, und so begannen Norweger und Sowjets mit staatlicher Unterstützung ohne Rücksicht auf die Erträge, Kohle zu fördern.

Die Russen besaßen zwei Bergbausiedlungen auf Spitzbergen: Barentsburg und Pyramiden. Eine lange Reihe Plattenbauten auf Spitzbergen, ein Schwimmbad, große Gewächshäuser, Tomaten- und Salatanbau, Rinder- und Schweinezucht, Turnhalle, Kneipen, Bordelle ... Das Regime hatte sich nicht lumpen lassen, um die Arbeitergenossen auf den Geschmack zu bringen. Die Zeche brachte Kohle, und die Antennen fingen die Wellen überm offenen Meer ein. Der Vertrag von Versailles untersagte Militäranlagen auf Spitzbergen, aber aufgrund seiner Lage wurde es zu einem ausgezeichneten Kontroll- und Meldezentrum, und unter dem Deckmantel des Kohlebergbaus hielten die Sowjets das Territorium siebzig Jahre lang bis zum Zusammenbruch des kommunistischen Blocks besetzt. Heute ist Moskau nicht mehr an den Zechen interessiert, und die ihrem Schicksal überlassenen Russen sind schließlich aus ihren beiden Städten geflohen, die in Hochzeiten bis zu dreitausend Bewohner zählten. 1995 habe ich Pyramiden besucht, im Sommer 1999 Barentsburg, von wo ich erschüttert zurückgekehrt bin. Mitten in dieser Eiswüste gibt es nur noch einige wenige, sich selbst überlassene Bewohner, die die leeren Straßen auf und ab wandern, der Kohlenstaub hat sich bis in ihre Seelen hineingefressen. Sie leben dort in den Spurrillen des Sowjetimperiums, Gefangene einer Autarkie, deren Rahmenbedingungen sich von Jahr zu Jahr verschlechtern. Ihre letzten Einnahmen erwirtschaften sie durch die wenigen Touristen, denen sie irgendwelche Kuriositäten verkaufen: Mineralien, Fossilien, Rubel, Parteiabzeichen, eine Schapka, eine alte *Prawda*, ein leidenschaftliches Erzeugnis lokaler Handwerksarbeit. Die mit frisch getünchten Kieselsteinen verzierte Statue Lenins steht noch immer auf dem Platz, gleich einem letzten Gebet. Sie wissen nicht, was drüben auf dem Kontinent vor sich geht. Aber der Tag, an dem sie mit dem ihnen verbliebenen Fatalismus dem großen Umbruch in ihrem Land die Stirn werden bieten müssen, naht mit großen Schritten. Man könnte meinen, die Evolution der Welt sei nichts anderes als die Anpassung an eine Abfolge chaotischer Zustände.

Auf der anderen Seite der Berge, ein paar Schiffstunden von dort, liegt Longyearbyen, die Hauptstadt westlicher Prägung. Auch Norwegen hat es sich nicht nehmen lassen,

Familien dorthin zu locken, allerdings in ganz anderer Art und Weise. Hier ist ein Dorf mit modernen, bunt angestrichenen Holzhäusern entstanden. Alles ist neu, sauber, hell erleuchtet und belebt. Der Bevölkerung, die einem reichen Land angehört, dem die Lebensqualität seiner Bewohner am Herzen liegt, fehlt es an nichts. Auch in Oslo findet sich kein Befürworter mehr für die Politik der Kohleförderung in der Region, die überhaupt erst zu dem Boom und der Landbesitznahme geführt hat. Die Geschäfte werden geschlossen, und die Bergarbeiter wandern ab. Vorbei die Lkw-Staffel, die das schwarze Gestein zum Kohlenpier beförderte. Aber Longyearbyen entwickelt sich weiter, rüstet sich, wird immer größer. Die Stadt ist wohlhabend, es gibt Arbeit für alle. Zeitweise hat man den Eindruck, dass die Bergbauarbeiten, der Auslöser für die Transplantation dieser Spontangeneration mitten in die Eiswüste, nun eingestellt werden könnten, dass ihre Rolle als Schrittmacher nun überflüssig ist. Fast könnte man meinen, diese herangereifte Gesellschaft, die da lebt wie auf dem Mond, könnte von nun an, nur auf der Grundlage des Waren- und Dienstleistungsverkehrs untereinander, selbstständig ihren Betrieb fortsetzen. Aber das ist ein Trugschluss. Ob als Einzelperson oder in der Gemeinschaft, niemand kann ohne die Gefahr einer rückläufigen Entwicklung abseits der großen Ströme bestehen. Zum Überleben genügt es nicht, dass das Blut zirkuliert, es muss sich auch mit Sauerstoff anreichern.

Vorbei die Zeit der Wale, der strategisch wichtigen Lage, der Kohle; Spitzbergen muss sich noch der Förderung anderer Bodenschätze stellen. Sein größter und derzeit begehrtester Reichtum ist zweifellos seine Polarexotik. Immer mehr Menschen stehen vor den Schaufenstern dieses mächtigen, schönen und verlockenden Landes. Aber der jungen Bevölkerung obliegt es, die Ladenbestände sinnvoll zu verwalten, damit Spitzbergen nicht den Ausverkauf des wertvollsten Schatzes erlebt, den es der Erde heute zu bieten hat: Seine unendliche weite Wildnis, in der Flora und Fauna sich noch in der ihnen eigenen Geschwindigkeit entwickeln können, ein Gegengewicht zur wahnwitzigen Beschleunigung unserer Zeit.

Der andere Umgang mit der Zeit

Die Bucht ähnelte einem natürlichen Hafen, den die Natur Seeleuten auf der Suche nach einem Unterschlupf bietet. Aus dem sanft ansteigenden, moosbewachsenen Heideland ragten knapp über dem Boden ein paar Baumstämme, die in jahrhundertelanger Erosion verwittert waren. Ihre rechteckige Anordnung wies auf die Fundamente ehemaliger Holzbauten. Näher am Wasser bildeten aufgeschichtete Ziegelsteine inmitten zerstörter Reste noch Teile eines Gewölbes, sicherlich Reste eines Ofens, der zu Zeiten der Waljäger zum Schmelzen des Walspecks diente. Ich ließ mich vom Geist des Ortes leiten, der meine Schritte von diesen Ruinen weg zu einem Hügel lenkte, der das Meer beherrschte. Dort standen mehrere von Menschenhand aufgetürmte Granitblöcke. Zwischen den Steinen eines dieser Grabhügel entdeckte ich Knochen: Ich befand mich auf dem Walfängerfriedhof. Die von der Sommersonne erwärmten Steine hatten sich im Laufe der Jahre in den Permafrost gedrückt. Hier taut der Boden nie auf, außer im Sommer ein paar Zentimeter weit. Die Erde ist zu hart, als dass man Gräber ausheben könnte. Wenn jemand starb, legte man den

Leichnam direkt auf den Boden und bedeckte ihn mit Steinen. Unabhängig vom Glauben des Verstorbenen klemmte man ein behelfsmäßiges Kreuz zwischen die Steinblöcke, um das Leiden zu bannen und der moralischen Pflicht gegenüber dem Toten und seiner Familie zu genügen. Selbst fernab vom weltlichen Treiben fordert der Tod ein Ritual, um die Seelen der Lebenden zu besänftigen. Auf einem dieser alten, noch übrig gebliebenen Kreuze, die Wind und Wetter getrotzt hatten, konnte man eine mit dem Messer eingeritzte Inschrift erkennen, kaum leserliche Buchstaben, die sich über die Jahre verflüchtigt hatten. Als ich mich über das Grab beugte, sah ich versteckt zwischen den Blöcken eine Schläfe und die Rundung einer Augenhöhle, die eindeutig zu einem menschlichen Schädel gehörten. Ich war tief bewegt; so ein Schädel spricht eine deutliche Sprache. Hinter dem knochigen Antlitz und den Augenhöhlen dauert der Blick für immer an. Hier hatten Menschen gelebt, manche bis an ihr Lebensende.

Wir befanden uns auf den Überresten von Smeerenburg, was auf Holländisch »Walfettweiler« bedeutet, einer der historischen Orte Spitzbergens. Aufgrund von Archivvergleichen geht man davon aus, dass im 17. Jahrhundert annähernd hundert Menschen hier lebten. Heute ist von der Amsterdaminsel, über die der eisige Polarwind fegt, fast nichts mehr übrig. Diese wenigen Zeugnisse sind die ältesten Spuren menschlichen Daseins auf Spitzbergen. Barents, der diese Insel 1596 neu entdeckt hat, erwähnt in seinen Bordaufzeichnungen keinerlei Begegnung mit Einheimischen. Selbst jüngste Funde lassen nicht einmal ansatzweise auf eine Besiedlung durch Inuit schließen.

Dem russischen Anthropologen Kuzmin zufolge sind die Polarinuit vor angeblich 14000 Jahren aus Asien über die Beringstraße gekommen und haben sich über den heute als Hoher kanadischer Norden bezeichneten Landstrich verteilt. Für die Eisnomaden war der Smith-Sund im äußersten Osten des amerikanischen Kontinents leicht zu überqueren, und so siedelten sie sich rings um Grönland an. Darüber hinaus finden sich jedoch keinerlei Spuren für ihren Aufenthalt. Mit Sicherheit haben sie Erkundungstouren in Richtung Spitzbergen unternommen, doch sind sie nie bis dahin gekommen. Die Grönland-See wird zu jeder Jahreszeit von Stürmen heimgesucht und ist mit Treibeis geradezu gepflastert. Die Inuit hatten so gut wie keine Chance, diese gefahrvolle Überquerung im Sommer in ihren Kajaks aus Robbenleder zu bewältigen. Im Frühjahr ist das Packeis im Nordosten Grönlands gefährlich und unübersichtlich, es wird von einer starken Strömung zermalmt, die das Eis aus dem Polarmeer Richtung Süden treibt. Dennoch war die Strecke für sie nicht völlig unbezwingbar, schließlich steuerten sie ihre Hundeschlitten bis zur Perfektion und kannten das Eis in- und auswendig. Sollte es einigen tapferen Burschen gelungen sein, bis Spitzbergen vorzudringen, hätte man durchaus vermuten können, dass sie sich dort auch niedergelassen haben. Diesen charakterstarken Menschen, die es gelernt hatten, unter den klimatisch extremen Bedingungen in Thule oder auf der Ellesmere-Insel zu überleben, wären die »Milde« des Golfstroms, das reichlich vorhandene Wild und die Fülle an Treibholz entgegengekommen. Aber die Überquerung der Grönland-See war wohl viel zu gewagt für die Nomaden, auch wenn sie eine außergewöhnliche Anpassungsfähigkeit an das Polarleben entwickelt hatten.

Die Stärke der Inuit lag vor allem im Wartenkönnen, ob stundenlang unbeweglich in der Kälte auf dem Meereis lauernd, ob monatelang in endlosen Nächten im Iglu, bis das Tageslicht wiederkehrte. Für die Bauern des ewigen Winters war die Jagd der einzige Zeitmesser. Was heißt schon morgen ohne den Rhythmus von Tag und Nacht, wenn die Sonne nie untergeht und die schwarze Nacht vier Monate anhält, wenn man sich von der Welt nichts zum Überleben erwartet? Dort trug sich ihr Leben zu, extrem karg mit den wenigen Grundlagen, über die sie verfügten: Eis, Torf, Steine und vor allem die Erzeugnisse der Jagd. Alles, was ein erlegtes Tier hergab, wurde äußerst sparsam verwendet: Fleisch, Fett, Haut und Knochen. Es galt, mit sehr wenig das Leben zu bestreiten, und sie waren imstande, aus fast nichts alles zu machen. In der Schlichtheit der Mittel zeigt sich die praktische, spontane Intelligenz. Je weniger Werkzeug man hat, desto mehr Zeit benötigt man für jede Verrichtung, und Zeit hatten sie im Überfluss, grenzenlos, ein ganzes Universum an Zeit. Wie alle Bewohner der Wüste verstanden sie es, sich der gemächlichen Invasion der Zeit zu überlassen.

Ich erinnere mich an eine Begebenheit, die bei meinem

ersten Besuch in Resolute Bay im Sommer 1984 einen bleibenden Eindruck bei mir hinterließ. Ich hatte mich in das winzige Dorf im äußersten Norden Kanadas begeben, um meine Expedition zum Nordpol vorzubereiten. Resolute war eine Landebahn, errichtet auf einer Wüste aus gefrorenen Steinen. Dort starteten die kleinen Flugzeuge, die einige wenige, von der Regierung subventionierte Inuit-Dörfer versorgten. Die Ankunft in Resolute Bay war wie die Landung auf dem Mond. Abseits der Piste standen zwei Reihen rot gestrichener Baracken, in denen die kanadischen Behörden und das Personal untergebracht waren: berittene Polizei, Post, Wetterstation, Telefon und Flughafenbehörden. Ein etwas größeres Gebäude diente als Hotel für die Liebhaber des hohen Nordens. Meine Unterkunft befand sich fünf Kilometer weiter, in einer kleinen Herberge eines Inuit-Dorfs. Sie wurde von Bezal und Terry geführt, er ein Indianer aus Madras, sie eine Kanadierin aus Yellowknife. An der Eingangstür der Hütte stand auf einem Schild der Firmenname des Hauses: Hight Arctic International, ein Touristenprogramm, an dem sie sehr authentisch und mit viel Respekt gegenüber dem Land und seinen Bewohnern arbeiteten. Sie beherbergten eine Hand voll Forscher, durchreisende Touristen und einige wenige Beamte, die von Zeit zu Zeit von Ottawa für Untersuchungen, Berichte und Statistiken entsandt wurden. Ich erinnere mich, dass ich mich mit einigen von ihnen unterhalten habe, liebenswürdige Menschen mit großem Interesse an den Fragen, die sich der weiße Mann überall dort stellt, wo er die Tradition der einheimischen Völker auf den Kopf gestellt hat. Wie sollte man dieser Gemeinschaft im Wandel begegnen, wie ihr helfen, für sich selbst zu sorgen, ihrem Leben einen Sinn zu geben, einen Platz im großen Kreislauf der Welt zu finden? Bezal war zwanzig Jahre zuvor nach Kanada gekommen, um auf den Bohrinseln in der Beaufortsee zu arbeiten. Nachdem er gut verdient hatte, hatte er seine Arbeit aufgegeben, um sein eigenes »business« aufzumachen. Als Indianer fühlte er sich den Eskimos am Nordpol, deren Sprache er beherrschte, nahe. In Resolute Bay war er jemand. Er gab einigen Arbeit und vertrat die Inuit regelmäßig in den Gebietsversammlungen. Er hatte sich einen gewissen Fatalismus angeeignet, die Weisheit derer, die in Gegenden leben, in denen die Elemente stärker sind als der menschliche Wille.

Bei diesem ersten Aufenthalt in dem abenteuerlichen Land wurde ich Zeuge, wie das Inuit-Fernsehen seine ersten Schritte machte. Bezal und Terry boten allen Platz, die keinen Fernseher hatten. Ich saß mitten unter ihnen. In den vier Stunden Sendezeit am Nachmittag wurde ohne Unterbrechung ein Dokumentarfilm über den Bau eines traditionellen Kajaks gezeigt. Das Bild war mehr oder weniger statisch. Die Handlung wurde fast ausschließlich in der Totalen gezeigt: ein alter Inuit mit seinem Werkzeug vor einem Hintergrund aus blauem Meer, auf dem ein paar Eisblöcke schwammen. In regelmäßigen Abständen sah man die Arbeit der Hände in Großaufnahmen. Der Film war nicht geschnitten, er verlief in der Geschwindigkeit, mit der die Arbeiten ausgeführt wurden. Die Gesten des Mannes waren langsam, er sprach wenig. Hin und wieder hielt er inne, um sich eine Zigarette zu drehen, und man wartete geduldig, bis er sie anzündete. Manchmal verschwand er aus dem Bild, um etwas aus seiner Hütte zu holen, und kehrte mit einem Stück Holz oder einem Streifen Robbenleder zurück. Dann wieder war er weg und ließ uns mit einem starren Bild zurück, das als einzigen Kommentar das Geräusch des Windes enthielt, und nahm sich die Zeit, die ein Mann seines Alters braucht, um pinkeln zu gehen... Die beiden Inuit neben mir waren etwa so alt wie der Kajakbauer, und sie sahen ihm ruhig und wortlos zu. Von Zeit zu Zeit wechselten sie ein paar Worte in ihrer Sprache, Kommentare zu handwerklichen Kniffen, die sie mit ihren knotigen Fingern nachahmten. Als sie merkten, dass ich sie beobachtete, fingen sie an zu lachen, es war ein Lachen der höflichen Art, das alles verschleiert, ohne den anderen auszuschließen.

»Very old, very old!«

Sie sprachen kein Englisch oder kaum, aber doch ausreichend, um mir begreiflich zu machen, dass sie gerade eine längst vergangene Zeit durchlebten. Was ging in diesen Köpfen mit den zerfurchten Gesichtern, was in den Herzen dieser alterslosen Inuit vor sich? Sie wirkten nicht wehmütig, sie gehörten zu der Generation, die die Moderne mit großer Begeisterung aufgenommen hatte, als Linderung ihrer harten Lebensbedingungen. Bezal stand auf und bot mir einen Kaffee an, als würde er ahnen, dass ein anregendes Mittel meiner Aufmerksamkeit förderlich sein könnte. Er lag nicht falsch.

»Bezal, geht das jetzt so weiter, bis das Kajak fertig ist?«

»Aber ja!«, gab er mir zur Antwort. »Es stehen noch zwei Sendungen à vier Stunden aus, morgen und übermorgen.«

An seinem nachsichtigen und etwas verlegenen Lächeln erkannte ich, dass er mit diesem Volk mitfühlte und jede Ironie völlig unangebracht war.

»Weißt du, Jean-Louis, wenn man aus Paris kommt, mag diese Sendung geradezu lächerlich langsam und stupide wirken, aber man muss sich darauf einlassen, wenn man das Leben dieses Volkes verstehen will.«

Wenn es nicht viel zu sehen gibt, lernt man genauer hinzuschauen. In der Inuit-Sprache gibt es über dreißig Begriffe für das Eis, je nach Farbe, Festigkeit, Gleitfähigkeit, Dicke, Alter... In ihrer Wüste hatten diese Männer es nicht nötig, dass man ihnen etwas zeigte, sie konnten alles sehen, und Fernsehen war für sie eine Art Blick in Echtzeit auf ihr Leben. Sie waren nicht überrascht, Langsamkeit gehörte zu ihrer Überlebensstruktur. Verzicht ist nicht nur eine Art, mit wenig auszukommen, sondern die Kunst, jeden Augenblick voll auszukosten.

Zehn Jahre später war ich nun auf der kleinen Amsterdaminsel, um herauszufinden, wie das Leben dieser Polareskimos aussah. Ich beneidete sie um ihre Unabhängigkeit und ihre Fähigkeit, ganz in der Zeit aufzugehen. Es war ein herrlicher Tag, Spitzbergen zeigte sich von seiner schönsten Seite. Die klare, kalte Nordbrise wühlte die Oberfläche des indigoblauen Meeres auf, durch das sich türkise Packeisbrocken schoben. Dicht vor mir, auf einem Felsen, der aus dem Wasser ragte, sah mich eine elfenbeinfarbene Möwe regungslos an – es war herrlich. Mein Herz und mein Kopf schienen mir zu klein, zu voll gestopft, um so viel Schönheit in sich aufzunehmen. War ich imstande, mit dieser Polarkulisse zu verschmelzen, diesen ersehnten Moment zu genießen, wahrhaftig da zu sein, ruhig wie die Möwe, ohne mit den Gedanken anderswo zu sein, ohne andere Bilder vor mir zu haben? Ich setzte mich an einen windgeschützten Ort, die Wärme der Sonne wirkte beruhigend. Ich schlief ein. Als ich die Augen öffnete, war die Möwe merkwürdigerweise näher gekommen, so nahe, dass ich ihren Blick förmlich spürte. Wie sollte ich ihr zu verstehen geben, wie sehr ich mir wünschte, sie möge noch näher kommen und sich auf meine Schulter setzen, damit wir miteinander reden könnten und sie mir von ihrem Leben als Möwe berichten könnte. Ihre Gelassenheit, zwei Meter von mir weg, war der schönste Empfang, den sie mir bereiten konnte, ihr Anerkennen, dass ich Teil dieser Wildnis war. Wohlige Schauer durchliefen meinen Körper. In diesem magischen Augenblick trat ich in den Traum ein, der mich seit jeher beseelt, dass ich weit weg von der Ruhelosigkeit der Welt eins werde mit der Natur.

Als hätte er seine Aufgabe erfüllt, machte der Meeresvogel einen Sprung, setzte noch mehrmals auf dem Wasser auf und verschwand. Ich würde ihn nie wiedersehen, aber er hatte mir seine Botschaft gebracht: Innere Ruhe stellt sich ganz von allein ein, wenn man sich Zeit nimmt und von unnötigem Ballast befreit, der den Geist blockiert. Die Möwe hatte mich einen Moment lang auf dem Weg zum Seelenfrieden begleitet.

Der Wagemut der Pioniere

In einem von Strömung und Wind zersprengten Eis bahnte sich das Walfangschiff mühsam seinen Weg zur Weißen Insel. Eine Restdünung schob große Blöcke aus altem Eis nach oben, die gegen den hölzernen Rumpf schlugen, mächtige Stöße, dumpf wie Fausthiebe. Dem Kapitän blieb wenig Spielraum, am besten hielt man sich von allzu dicht beieinander stehenden Eisfeldern möglichst fern. Die *Bratvaag* war von dem namhaften norwegischen Schiffsbaumeister Colin Archer entworfen und gebaut worden, auf den noch einige andere, nicht eben unbekannte Schiffsbauten zurückgingen. Seine Werft in Sandefjord hatte nur Erstklassiges hervorgebracht, darunter auch Nansens berühmte *Fram*, die bei ihrer Driftfahrt ins Eis des Polarmeers drei Jahre lang sämtlichen Eispressungen widerstanden hatte. Die Mannschaft der *Bratvaag*, die an diese schwierige Navigation gewöhnt war, war sich sehr wohl darüber im Klaren, dass man nie davor sicher sein kann, von den Eiszangen aufgeschlitzt zu werden. Nur selten erreichte man im Sommer die Umgebung der Weißen Insel nordöstlich von Spitzbergen, da das gesamte Packeis aufgrund einer starken Strömung, die durch die transpolare Drift entsteht, dorthin getrieben wird. In jenem Sommer des Jahres 1930 aber schienen die klimatischen Bedingungen günstig für die Schifffahrt, sodass die Allerkühnsten das Abenteuer in diesem Gebiet, in dem sie große Robben- und Walrosspopulationen vermuteten, in Angriff nahmen. Kurzzeitig war der Kapitän versucht, eine Rinne zu nehmen, die östlich um die Insel herumzuführen schien, aber seine Erfahrung verbot es ihm, diese Route einzuschlagen. Sie hatte sich an einer Stelle gebildet, an der sich das Packeis gelockert hatte, und könnte sich jederzeit auch wieder schließen und die *Bratvaag* an die Küste schieben wie ein Stück Holz. Es war vernünftiger abzuwarten, bis die Südwestschneise frei wäre, umso mehr, als die Insel nicht mehr allzu weit entfernt war, schon zeichnete sich ihre Schneekuppel am Horizont ab. Um Treibstoff zu sparen, stellte der Bordwart den Motor ab. Das Wetter war schön, und die ganze Mannschaft kam auf die Brücke, um Kaffee zu trinken. Unter ihnen befand sich auch eine kleine Gruppe aus drei wissenschaftlichen Beobachtern, die in Tromsö an Bord gegangen waren. Die Kopfarbeiter waren den ruppigen Umgangsformen der Polarjäger und den Erfordernissen ihres Reisezwecks ausgesetzt, was zeitweise recht komische Situationen mit sich brachte. Gunnar, der ins Krähennest gestiegen war, behauptete, Scharen von Robben zu sichten, die an der Küste lägen, was für Gelächter sorgte.

»Wenn ich es euch doch sage, mit dem Fernglas sieht man genau, wie sie sich bewegen.«

Es war die erste Robbenfangjagd des jungen Biologen von der Universität Bergen, und der alte Seebär mokierte sich über ihn.

»Ich war 1919 schon einmal hier, und ich erinnere mich an genau so eine Geschichte«, erwiderte Carlsen, der Spielverderber. »Jemand glaubte, Robben zu sehen, aber es waren dann doch große, vom Eis polierte Steine.«

»Aber du hast uns doch erzählt, ihr hättet einen guten Fang gemacht?«, hakte Gunnar ein wenig spöttisch nach.

»Ja, einen sehr guten Fang sogar, aber bei den Viechern da drüben handelt es sich um Steine.«

Gunnar hatte nicht die Absicht, gegen den Alten zu polemisieren, der auch deshalb schimpfte, weil die Strömung sie unweigerlich immer weiter von der Küste wegtrieb. Der größte Teil der Besatzung war mit den Gegebenheiten im Eis vertraut und wartete geduldig bei einer Pfeife, bis es soweit war. Man hörte nichts als das knarzende Eis auf der Kupferschicht, die den hölzernen Rumpf schützte, als plötzlich alle durch ein Schnaufen aufgeschreckt wurden: In rund zehn Metern Entfernung war ein Walross aufgetaucht.

»Nicht bewegen«, befahl der Kapitän, »wenn wir ruhig sind, kommen noch mehr. Die Tiere leben in Gruppen, und sie sind sehr neugierig.«

Es verging keine Viertelstunde, und drei Walrösser sonnten sich gänzlich unbeschwert rings um das Schiff.

»Das ist ein sehr gutes Zeichen«, erläuterte der alte Carlsen, »das könnte ein guter Fang werden. Lasst uns noch etwas warten, bevor wir schießen, bloß keine Panik.«

Hensen, der in den Ausguck geschickt worden war, um dem Steuermann den Weg zu weisen, gab Warnung an die Brücke.

»He, Jungs, wir haben Besuch steuerbords.«

Ein Eisbärenweibchen und seine beiden Jungen hatten Witterung aufgenommen und bewegten sich auf das Schiff zu, die Schnauze in den Wind gerichtet. Die *Bratvaag* war nicht für die Eisbärenjagd gedacht, aber alle waren sich einig, dass das Muttertier getötet werden sollte. Die beiden Jungen mussten etwa zwei Jahre alt sein, ein Alter, in dem sie sich selbstständig machen. Das Weibchen mochte wohl um die dreihundert Kilo wiegen, ein guter Fleischvorrat und ein zusätzlicher Gewinn; das Fell verkaufte sich recht gut an Kürschner, die hochwertige Pelze herstellten. Als das Familientrio in rund dreißig Metern Entfernung innehielt, bestimmte der Kapitän Hensen zu demjenigen, der das Weibchen töten sollte, er hatte es entdeckt. Beim ersten Schuss brach das Tier zusammen, es war mitten in die Brust getroffen. In panischer Angst rannten die Jungtiere davon, dann kamen sie zurück zum Körper der Mutter, der regungslos im Schnee lag. Der kleinere der beiden brüllte vor Trauer, während der andere das Blut leckte, das aus der Wunde rann.

»Los, beeilt euch«, sagte der Kapitän. »Das Tier muss zerlegt und das Fleisch in Stücke zerteilt werden, bevor der Kadaver gefriert.«

Hensen und zwei Mann von der Besatzung wagten sich auf dem Packeis vor und schossen mehrmals in die Luft, um die beiden jungen Bären zu vertreiben, die keinerlei Widerstand leisteten. Nachdem der Kadaver an Bord war, war die Arbeit in sage und schreibe einer knappen halben Stunde getan. Gleichzeitig waren die drei Walrösser geschossen und zerlegt worden.

Die Saison ließ sich gut an für die Mannschaft der *Bratvaag*, umso mehr, als das Schiff auf die Insel zusteuerte. Fahlgelbe Flecken, hier und da über das Packeis verteilt, erwiesen sich sehr wohl als Robben. Völlig unbekümmert lagen sie da, hielten Siesta und zeigten sich gleichgültig gegenüber den knatternden Motorgeräuschen. Sie schliefen tief und fest und hoben erst im letzten Moment den Kopf. Als die Tiere mit ihren großen runden, tränenfeuchten Augen den Ansturm erahnten, wackelten sie schnell zum Wasser, aber meistens erwischte die Kugel sie, noch bevor sie untertauchten. Der Blick des Jägers kreuzt nie den seiner Beute, er endet im Visier am Laufende; vielleicht ist das auch der Grund, weswegen er sich nicht für einen Mörder hält. Gunnar und seine beiden Naturforscherkollegen konnten die freudige Erregung der Profijäger sehr gut nachvollziehen, aber sie empfanden gleichzeitig einen gewissen Abscheu angesichts dieser Schlachterei, der sie sich nicht anschließen konnten.

»Habt ihr euch mal umgesehen?«

Die beiden Jungbären, die nun mit einem Schlag sich selbst überlassen waren, hielten sich in einiger Entfernung im Kielwasser des Schiffes.

»Wenn man sich in unbekanntem Gewässer bewegt,

schaut man besser nach vorn«, sagte abschließend der Kapitän kurz angebunden.

Er war angespannt und fuhr vorsichtig nach Echolot. Die Aufgabe war heikel, denn man musste zwischen den Eisschollen kreuzen und dabei immer auch Riffe im Hinterkopf haben, die nicht auf der Karte verzeichnet waren. Mit viel Durchhaltevermögen und Wagemut war man schließlich ganz nah an die Insel herangekommen, und vier Männer wurden als Kundschafter ausgeschickt. Das kleine Boot kam nur mühsam in diesem Labyrinth voran. Die Männer mussten die Eisbrocken mit dem Ruder wegstoßen. Da sie sich schon weit vom Schiff entfernt hatten und im Wirrwarr verschwanden, schickte der Kapitän Johan zur Sicherheit in den Ausguck. Nachdem lange nichts von ihm zu hören war, schrie er plötzlich:

»Ich sehe sie, sie sind auf der Insel gelandet. Sie stehen ganz hektisch um etwas herum, das ich nicht erkennen kann. Olav macht Zeichen zum Schiff hin, aber ich verstehe nicht, was er sagen will.«

Eliassen, der Kapitän, befahl, dass man ihn mit dem zweiten Beiboot an Land brachte. Als er die Insel erreichte, wurde er von den vier Männern erwartet, die darauf brannten, ihm ihre Entdeckung zu präsentieren.

»Kapitän! Sehen Sie sich das an, wir haben Überreste von einer Expedition gefunden.«

Ein kleines Boot ragte aus dem Schnee, mit einer Vielzahl unterschiedlichster Gegenstände darin. Ein Windmesser, Reisenähzeug, eine verbeulte Aluminiumdose, Werkzeug,

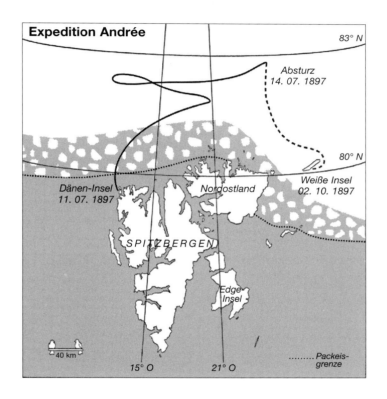

zwei Gewehre... Auf einem davon entdeckte Eliassen eine Inschrift, die in den hölzernen Kolben geritzt war: »Andrée pol.exp. 1896«.

»Die Expedition Andrée!«, rief er aus und hob die Augen zum Himmel. »Wir haben soeben das Rätsel um das Verschwinden der Expedition Andrée gelöst!«

Einen Moment lang stand er stumm da, erstarrt vor so großen Emotionen. Seine Männer sahen ihn an, fassungslos über den ungewohnt ernsten Gesichtsausdruck ihres Kapitäns. Sie waren zu jung, als dass sie die Geschichte hätten kennen können.

»Kapitän, wer war Andrée?«

»Ein schwedischer Ingenieur, der von Spitzbergen aufbrach, um den Nordpol im Ballon zu überfliegen.«

Eliassen gab sofort Befehl, noch mehr Männer von der Besatzung zu holen und Schaufeln und Hacken mitzubringen, um den Bereich unter dem Eis zu untersuchen. Alle legten Hand an und schafften den Schnee beiseite. Etwa zehn Meter vom Boot entfernt entdeckten sie einen ersten Körper. Beim Anblick der Leiche drehte es den hart gesottenen Männern den Magen um, denn er rief die tief sitzende Angst vor dem langsamen Tod in ihnen wach, der in diesen hohen Breiten auf einen lauert. Die Lumpen der Jacke waren mit dem Buchstaben »A« bedruckt. Mit zitternder Hand fuhr der Kapitän unter den abgewetzten Stoff und zog ein Notizheft mit der Inschrift »S.A. Andrée« hervor. Es gab keinen Zweifel, dies war der Leichnam von Salomon-Auguste Andrée. Die noch immer leserlichen Seiten stammten aus der Feder des Forschers. Eliassen konnte seine Verwirrung nicht verbergen, ratlos schwankte er zwischen dem Gefühl der Ergriffenheit und der freudigen Erregung über den Fund.

»Ich war achtzehn, als sie verschwunden sind. Das war 1897, und heute haben wir den 6. August 1930. Es ist dreiunddreißig Jahre her, und ich habe alles wieder vor Augen, als wäre es gestern gewesen. Die letzten Neuigkeiten erhielten wir von einer Brieftaube, die am 13. Juli 1897 vom Ballon aus losgeschickt worden war und zwei Tage später von einem Robbenjäger abgeschossen wurde, der sie für ein Schneehuhn gehalten hatte. Sie hatte folgende Botschaft bei sich: »Alles in Ordnung an Bord.« Ich kann mich noch gut erinnern, wie viel Aufregung Andrées Verschwinden in Europa ausgelöst hat. Sämtliche Rettungsexpeditionen waren erfolglos geblieben, und von den wenigen Walschiffen, die die Weiße Insel erreichten, hat keines je diese Spuren unter dem Schnee entdeckt. Man kam zu dem Schluss, dass sie auf dem Packeis umgekommen sein mussten und vom Meer verschlungen wurden.«

Er überlegte kurz und fuhr dann fort.

»Es waren drei Schweden an Bord des Ballons, und wenn sie alle hier angekommen sind, müssten wir drei Leichen finden.«

Alle machten sich vorsichtig ans Werk, um die Gerätschaften freizulegen, die durch eine dicke Eisschicht mit dem Boden verwachsen waren. Am Ende des Tages trugen die Seeleute alles an Bord der *Bratvaag*, was durch die Eisschmelze wieder zum Vorschein gekommen war: die Leichen von Andrée und Strindberg, eine Unmenge von Ausrüstungsgegenständen, Sextant, Chronometer, Kompasse und die wertvollen Bordaufzeichnungen, in denen die wesentlichen Stationen des Dramas festgehalten waren. Alles wurde sorgsam zusammengetragen und auf dem Schiff verstaut. Dann ordnete Eliassen an, die Weiße Insel zu verlassen, solange die Umgebung noch schiffbar war. Erfüllt mit Stolz darüber, an einer wichtigen Entdeckung teilgehabt zu haben, sahen die Männer, wie der von ihnen errichtete Steinhaufen sich immer weiter entfernte. Zu seinen Füßen hatten sie eine Flasche mit folgender Botschaft deponiert:

Hier hat die Bratvaag, *Kapitän Peder Eliassen,*
die Überreste der Expedition Andrée gefunden.
Auf der Weißen Insel, den 6. August 1930

Sie hielten Kurs auf Franz-Josef-Land, und ein paar Tage später übermittelten sie einem Schiff, das sich auf dem Rückweg nach Norwegen befand, die Neuigkeit. Ende August, als sie nördlich von Tromsö in die Kanäle einfuhren, kündigte der Kapitän der *Bratvaag* über Funk der Hafenbehörde seine Ankunft an. Die Meldung schlug ein wie eine Bombe. Eine Lawine von Fragen brach über sie herein, die Aufregung war riesengroß, alles erwartete sie: die Presse, die norwegischen und die schwedischen Behörden, Wissenschaftler, Historiker, Neugierige… Sie erfuhren, dass ein zweites Walfangschiff von Tromsö ausgelaufen war, um die

Untersuchungen auf der Weißen Insel fortzuführen. Am 2. September entlud die *Bratvaag* mit großem Pomp die Überreste der Expedition Andrée. Vierzehn Tage später überführte die *Isbjorn* den dritten Leichnam, den von Fraenkel, und brachte weitere Überreste, darunter die Fotoplatten, die ungeachtet der Aufschrift »*Eastmann. Verfallsdatum, Februar 1898*« einwandfrei den Rückzug der Helden wiedergab, von der Landung im Packeis bis zu ihrem letzten Aufenthaltsort. All diese historischen Schätze wurden gesammelt, und in langer Entschlüsselungsarbeit die Einzelheiten dieser Polartragödie ans Licht gebracht.

Die Reise hatte letztlich nicht länger als drei Tage gedauert. Sehr bald nach dem Aufstieg vereiste die Ballonhülle und wurde dadurch schwerer. Obwohl Ballast abgeworfen wurden, prallte die Gondel schließlich mit Wucht gegen das Packeis. Nach der Landung waren die Männer drei Monate lang zu Fuß unterwegs und zogen schwer beladene Schlitten über das Eis, das infolge der Schmelze unbefahrbar war. Bei ihrem Versuch, an den Ausgangspunkt zurückzukehren, landeten sie auf der Weißen Insel, wo sie trotz eines reichen Jagdgrunds nur drei Wochen überlebten. Woran sind sie tatsächlich gestorben? Warum haben sie nach ihrer Ankunft auf der Insel keine Aufzeichnungen mehr gemacht? Warum ist der erste Tote im Tagebuch derer, die ihn überlebt haben, kein einziges Mal erwähnt? Die letzten Einträge stammen von Strindberg: »17. Oktober. Rückkehr um 7 Uhr abends.« Über dem Rest liegt Schweigen, und unter dem dicken Leichentuch auf der Weißen Insel hielt es fast dreißig Jahre an.

Ein Jahrhundert später waren wir mit der *Antarctica* in der Bucht von Virgo nordwestlich von Spitzbergen vor Anker gegangen. Von der Schiffsbrücke aus erahnten wir in einer Einbuchtung der Küste Ruinen, ganz offensichtlich die Überreste der Expedition Andrée, auf die wir mit fieberhaftem Eifer zusteuerten. Alles stand da: der große hölzerne Windschutz, der den Ballon beim Füllen abschirmen sollte, und die Reste eines »Gaswerks«. Der Wasserstoff für den Ballon wurde vor Ort mit Hilfe von Eisenfeilspänen aus Schwefelsäure freigesetzt. Die Stahlbomben, in denen die Schwefelsäure transportiert worden war, bildeten mehrere rostige Schrotthaufen. Alles war zerstört, aber die Jahre hatten das Gedächtnis des Ortes nicht ausradiert, und so bewegten wir uns mit der nötigen Andacht angesichts der Geschichte auf diesen Überresten. In meinen Händen hielt ich das Foto, das beim Aufbruch entstanden war. Ein Jahrhundert war vergangen seit jenem 11. Juli 1897, an dem drei schwedische Ballonfahrer das Festland verließen. Heute durchlebte ich diese Geschichte aufs Neue, am selben Ort, an dem der Ballon *Oern* zur ungewissesten Reise der Polareroberung aufgebrochen war. Die Landschaft war unverändert; im Vordergrund die gleichen Felsblöcke, und weiter hinten die immergleichen Umrisse der Berge. Der einzige und dafür riesenhafte Unterschied war, dass der gigantische Gletscher rechts auf dem Foto sich deutlich zurückgebildet hatte. Wie hatte eine solche Menge Eis in nur einem Jahrhundert schmelzen können?

Vor dieser identischen Kulisse konnte ich den Aufbruch

ins Abenteuer nacherleben, diesen Augenblick aus Trunkenheit und Furcht, den entscheidenden Moment, in dem man den berauschenden Kokon des Traums verlässt, um der Realität ins Auge zu blicken. Nach dem harten Stück Arbeit in der Luft öffnete sich die Unermesslichkeit des Polarmeers vor ihnen. Getragen von dem Ehrgeiz, den Nordpol als Erste zu erreichen, überließen sie sich für immer den Launen des Windes. Bei den Überresten der Expedition hatte man eine Dose gefunden, die Dollars und Rubel enthielt, für den Fall, dass der Wind sie nach Amerika oder eben nach Russland tragen würde. Der Ingenieur Andrée war bestens vorbereitet und hatte bis ins letzte Detail für alles vorgesorgt, doch die Gleichung für den Flug war unlösbar. Geleitet von seinem Polartraum, bezahlte Andrée die Absicht, das menschliche Wissen zu erweitern, wie seine Gefährten auch, mit dem Leben. Sie haben dem Stolz des Abenteuers an höherer Stelle einen Platz geschaffen.

Hinlopen

Wir hatten uns darauf eingestellt, in diesen Breiten auf Packeis zu stoßen, aber schon seit mehreren Jahren lag die Eisgrenze Ende des Sommers nördlich des 80. Breitengrads. Es reizte mich, noch weiter nach Norden zu steuern, die Walrossinsel Moffen zu runden und den beiden Naturforschern, die am Tage unserer Ankunft in Longyearbyen an Bord der *Lance* gegangen waren, einen Besuch abzustatten. Aber Moffen war Naturschutzgebiet und damit nur befugten Personen zugänglich, und ich wollte ohne Erlaubnis nicht dort eindringen. Als die Walrossjagd 1952 untersagt wurde, stand die Art kurz vor der Ausrottung, und die wenigen Walrösser, die es in Spitzbergen noch gab, siedelten sich rings um diesen Kiesring an, der ihren Bedürfnissen entgegenkam. Diese Säuger sind so schwer und an Land derart unbeholfen, dass sie sich sanft abfallende Sand- oder Steinküsten suchen, über die sie leicht ins Wasser und auch wieder hinaus gelangen. Zudem ernähren sie sich von Muscheln und Krustentieren, die sie mit ihren beiden langen, scharfen Zähnen unter Wasser abkratzen, weswegen sie an die flachen Gewässer des Kontinentalsockels gebunden sind. Moffen ist bestens für sie geeignet; hier haben sie sich wieder vermehrt und genießen die Ruhe, die diese verlassene Insel bietet, auf der sie alljährlich in großen Kolonien den Sommer verbringen. Nach Aussage von Spezialisten des Norsk Polar Institute kann man inzwischen sagen, dass die Walrösser in der Gegend gerettet sind. Jede lebende Art benötigt ein vertrautes, eigenes Umfeld, und durch die Schaffung von Schutzräumen konnte schon manche Art erhalten werden, die vom fehlgeleiteten menschlichen Verhalten bedroht war. Jetzt, Mitte September, war es Zeit, dass wir auf unserer Segelreise Kurs auf die Hinlopenstraße nahmen, jene schmale, 90 Seemeilen lange Passage zwischen Spitzbergen und Nordostland. In guten Jahren ist dieser Wasserweg nur Ende des Sommers befahrbar, bei minimaler Vereisung, doch kann man nie sicher sein, wie es um die Schiffbarkeit im Südteil bestellt ist, wo das Treibeis aus der Barentssee aufläuft. In der Regel ist dies die Zeit, in der man die hohen Breiten besser hinter sich lässt und die Schifffahrt in dieser Gegend, in der das Eis einen, wenn es dumm kommt, den Winter über einschließen kann, auf ein Mindestmaß beschränkt. Wir waren ohnehin zu einer Überwinterung hier, was uns ausreichend Zeit ließ, das Abenteuer zu wagen und auf diese Weise Spitzbergen einmal komplett zu umrunden.

Da wir Moffen nicht ansteuern konnten, nutzten wir unsere üppigen Zeitvorgaben und gingen auf Mosselbukta an Land, wo wir die Überreste vom Camp des berühmten Nordenskjöld aufsuchten. Der schwedische Polarforscher hatte zahlreiche Expeditionen nach Svalbard durchgeführt, vor allem aber war ihm die Entdeckung der Nordostpassage an Bord der *Vega* zu verdanken. Im Juli 1878 war er in Schweden aufgebrochen, und es gelang ihm, im Sommer darauf nach einer Überwinterung an der sibirischen Küste die Beringstraße zu erreichen. Mit viel Mut und Ausdauer schrieb er auf der Weltkarte die kürzeste Handelsroute zwischen Europa und Asien fest, ein Seeweg zwischen Atlantik und Pazifik, mit dessen Hilfe die lange Strecke über das Kap der Guten Hoffnung oder Kap Horn umgangen werden konnte. Es war eine vielversprechende Entdeckung, aber in der Zukunft sollte sich erweisen, dass Nordenskjöld in jenem Jahr Glück gehabt hatte, auch wenn er gezwungen gewesen war, nahe der Ausfahrt der Passage zu überwintern. Diese mehrere tausend Kilometer lange Küste Sibiriens wird unablässig vom Packeis bedrängt, und das Projekt des Seewegs über den Norden wurde rasch fallen gelassen, war es doch allzu sehr vom Zufall abhängig. Als die UdSSR im Zenit ihrer Macht stand, wurde ihm allerdings wieder mehr Interesse zuteil. Um ihr immenses Küstengebiet abzudecken und einen besseren Zugang zu den sibirischen Bodenschätzen zu ermöglichen, scheuten die Sowjets keine Mühen und bauten riesige Eisbrecher, die eine Fahrrinne durch drei bis vier Meter dickes Packeis frästen. Diese atombetriebenen schwimmenden Festungen bildeten die Vorhut zu ganzen Schiffskarawanen. Damals galt die Staatsräson mehr als eine ausgeglichene Handelsbilanz, sodass seit dem Zusammenbruch des Sowjetreichs letztlich nur noch wenige Schiffe das Kap Tscheljuskin an der Spitze der Tajmyr-Halbinsel passieren.

Nordenskjöld aber hatte sein Schiff durch die Passage geführt und seinen Namen damit im Gotha der großen Erdforscher verewigt. An dieser vom Zahn der Zeit angenagten Stätte war seine Anwesenheit förmlich spürbar, und ich sah den Mann vor mir, mit seinem ganzen Format und seinem leidenschaftlichen Engagement für die Arktis, wo er den Großteil seines Lebens verbracht hatte. Am Ende jenes Tages wärmte die tief stehende Sonne im Westen das Licht mit ihren flach einfallenden Strahlen. Es war außergewöhnlich mild, und niemand schien Lust zu haben, auf das Schiff zurückzugehen.

Wir machten Feuer mit Treibholz, das sich seit Jahrhunderten an diesen Küsten im äußersten Norden ansammelt. Als wir über das Gestade liefen, stellten wir bestürzt fest, dass die Strände hier oben in Spitzbergen, fernab der Welt, verschmutzt sind vom Müll, der ins Meer geworfen wird, vor allem Plastik, teerverschmierte Teile von Fischernetzen, ein paar alte Schwimmer... Vor einem Tintenfass, wie es Schüler haben und das noch einen Rest violetter Tinte enthielt, blieb ich stehen. Kyrillische Buchstaben zeichneten sich im Relief auf dem Behälter ab. Wie so oft in einer Wüste, entfachen die kleinsten Spuren die Fantasie und bringen schillernde Hypothesen hervor. Dieses Fläschchen, das dem Schicksal der Fluten überlassen worden war, warf einmal mehr das Mysterium der Flaschenpost auf. Woher kam dieses Tintenfass, wie viele Jahre der Irrfahrt hatte es hinter sich, bevor es hier gelandet war... Die Flüssigkeit roch noch immer nach der Handschrift eines Schülers, nach Kindheit. Aus welcher Schultasche war es gefallen, auf welchem Schreibpult hatte es gethront? Vielleicht war es das Tintenfässchen eines alten russischen Schriftstellers, der auf der Suche nach dem passenden Wort tausendmal seine Feder hineingetaucht hatte? – Als wäre es gerade in meinen Fingern zu Leben erwacht, fühlte ich mich sehr unbeholfen mit dieser bauchigen Flasche, die immer bedeutsamer wurde und mit einem Mal alles andere überlagerte. Schließlich stellte ich sie wieder am Strand ab, an den der Zufall sie getragen hatte. Man kann aus nichts eine Geschichte machen, wenn nichts um einen herum die Begeisterung in die Schranken weist.

Die Nordzufahrt der Hinlopenstraße war gänzlich frei von Eis, das Wasser ruhig und glatt, kein Lüftchen wehte. Wir waren nicht so allein, wie ich vermutet hatte: Zwei Fischerboote ließen sich dort mitten in der Fahrrinne nebeneinander treiben. Als wir näher kamen, konnten wir auf den etwas heruntergekommenen Schiffsrümpfen erkennen, dass sie aus Archangelsk stammten, es waren Russen, die auf unseren Funkspruch nicht reagierten. Langsam steuerten wir Richtung Süden. Beiderseits der Rinne zeichnete sich am Horizont die Rundung des Inlandeises ab, das sich an das Firmament anschloss. Unser Schiff glitt zwischen diesen beiden, sanft vom Meer zum Himmel hin ansteigenden Eiskappen über das Wasser. Sämtliche Blautöne mischten sich in das Abendlicht, bis hin zum purpurnen Abendrot: Wir fühlten uns wie auf dem Mond, und über uns leuchtete die Erde als runde Scheibe. Zeit spielte keine Rolle mehr. Weit vor uns, in der Dunkelheit der Meerenge, erhob sich der saubere Schnitt eines senkrechten Felsens über dem Wasser: Alkefjellet, der Vogelfelsen, er würde bis morgen warten. Die Motoren wurden ausgestellt, und die ganze Nacht über trieben wir in absoluter Stille dahin.

Das Fortpflanzungsrefugium mochte etwa so hoch sein wie der Eiffelturm. Wir waren jahreszeitlich etwas spät dran und trafen nur noch wenige Nachzügler an, ein paar Dreizehenmöwen, vor allem aber Dickschnabellummen aus der Familie der Alken, nicht zu verwechseln mit den Pinguinen der Antarktis. Anfang Juli, mitten in der Legezeit, hat man hier schon bis zu 250000 Pärchen gezählt, die dicht an dicht auf äußerst schmalen Felsvorsprüngen hocken. Zum Glück rollen ihre abgeflachten, birnenförmigen Eier nicht, weswegen auf den Rändern der Steilfelsen auch nur relativ wenig Verluste zu beklagen sind. Die Vögel legen die Eier direkt auf den Boden, ohne auch nur ansatzweise ein Nest zu bauen. Wie sämtliche Flügeltaucher sind sie unter Wasser sehr wendig und können bei ihrer Suche nach Fischen äußerst schnell schwimmen und tauchen. Dagegen sind sie sehr behäbige Flieger. Im Alter von zwanzig Tagen stürzen sich die vollkommen unerfahrenen Jungen von der Felswand zu einem ersten Flug ins Wasser, wo die Eltern ihnen beibringen, wie sie sich ihre Nahrung zu beschaffen haben. Die Saison in der hohen Arktis ist nur von kurzer Dauer, die Zeit für die Aufzucht der Jungen mehr als sonstwo begrenzt, denn am Ende des Sommers heißt es aufbrechen. Dass all diese Vögel im September noch da waren, deutete im Übrigen darauf hin, dass der Winter verspätet Einzug halten würde, eine Verzögerung, die den Vögeln zugute kam. Wir blieben einige Tage dort und sahen uns in den Fjorden um, jenen tiefen, vereisten Meeresarmen, die bisweilen in weite, von Wildbächen durchzogene Mondlandschaften hineinreichten. Stundenlang wanderten wir durch dieses anorganische, wüstengleiche Universum. Glücklicherweise sorgten die Flechten auf den Steinen für ein paar Farbtupfer, denn da es keine Erde gab, wuchsen auch keine Pflanzen. Die Nährmutter Erde ist umso seltener und dürftiger, als der Vegetationszyklus dort extrem verzögert ist. Ein wenig Kantenheide, Silberwurz und Steinbrech, die hier und da im Schutz der Felsen auftauchten, hatten es gewagt, sich hier, am unwirtlichsten Ort des Archipels, anzusiedeln. Sie warteten auf die Schneehülle, die sie vor dem harten Winter schützte. Eigenartigerweise befand sich auch ein Seeschwalbenpaar dort und begegnete uns mit der für die Art legendären territorialen Streitlust. Zierlich, flink und mit viel Gekreische gingen sie im Sturzflug auf uns los und wollten uns mit ihren spitzen Schnäbeln den Schädel durchlöchern. Was hatten sie zu dieser späten Jahreszeit noch zu verteidigen? Hatten sie ganz einfach beschlossen, den Sommer nicht in der Antarktis zu verbringen, wie bei den großen Zugvögeln üblich?

Etliche norwegische Fischerboote waren in der Meerenge unterwegs, wo allein schon die vielen Vögel vom Fischreichtum zeugen. Wie viel Tonnen Fisch und Garnelen waren Tag für Tag nötig, um diese Massen zu ernähren! Die Südausfahrt der Hinlopenstraße verbreiterte sich am Horizont nach Osten hin und mündete in die Barentssee. Das Eis ließ nicht auf sich warten, eine Mischung aus jenen unterschiedlich großen Schollen aus altem Packeis und Eisbergen, die durch das Kalben im Inlandeis auf Nordostland entstehen. Zuversichtlich stießen wir in das recht lockere Eis vor. Vierzig Seemeilen trennten uns von der Nordeinfahrt in den Storfjord, wo wir vor diesem driftenden Eis, in dem man besser nicht trödelte, in Sicherheit wären. Die Schubkraft der Motoren war ausreichend, um die Eisplatten beiseite zu schieben, bis ein Engpass uns am Weiterkommen hinderte. Wir stellten die Motoren ab und warteten ab, bis die Situation sich wieder entspannte. Es gab keinen Grund zur Beunruhigung, es handelte sich um eine mechanische Verdichtung, die sich nach dem Gezeitenwechsel oder bei der kleinsten Brise aufheben würde. Die Temperatur betrug zwei Grad plus, was uns davor schützte, mit dem Eis zusammenzuwachsen. Die Eisplatten standen ausreichend dicht beieinander, und wir konnten das Schiff verlassen. Zum ersten Mal seit meinem Marsch zum Pol setzte ich den Fuß erneut auf arktisches Packeis. Ich hatte nicht mehr die Leichtigkeit auf den instabilen Blöcken, aber die Emotionen waren da, Erinnerungen kamen hoch. Ich stand auf dem Eis und strich über den Rumpf der *Antarctica*, das Expeditionsschiff, das ich mir so erträumt hatte. Es war da, genau dieses Schiff, und ich war auch wirklich ich. Was für Entfernungen, wie viele Hindernisse, Glück und Zweifel bis zum Ziel! Stolz, in den sich ein paar Tränen mischten, überkam mich, und ich entfernte mich, um dieses Eis, das so viel in meinem Leben verändert hatte, in vollen Zügen auszukosten. Francis kam auf mich zu und wollte ein Foto machen. In heiterer Sorglosigkeit schritt ich mein »Feld der Ehre« ab, als Rick, der ins Krähennest gestiegen war, brüllte:

»Jungs, zweihundert Meter hinterm Schiff ist ein Eisbär, der in eure Richtung läuft!«

Von der Brücke aus hatte ihn niemand bemerkt. Wir waren ganz sorglos losmarschiert, und Rick stieg hastig von seinem Aussichtsturm herunter, um sich mit einer Waffe auf der Brücke zu postieren, für den Fall, dass der Fleischfresser auf uns zugelaufen käme. Dass er in einem Bereich auftauchte, wo das Meereis sich nicht auflöst und Treibeis aus dem Polarmeer ständig für Nachschub sorgt, war keine Überraschung. Wir befanden uns gerade an einem jener Kreuzungspunkte, wie es sie in jeder Wüste gibt, weil man dort Wasser, Nahrung oder einen praktikablen Weg vorfindet. Hier bilden die von Strömungen und Wind verschobenen Eisschollen temporäre Übergänge zwischen den wilden Küsteninseln, auf denen die Eisbären sich den Sommer über bewegen. So wie Vögel die Luft zum Fliegen, brauchen Eisbären dieses Packeis, um von einem Archipel zum nächsten zu kommen und Robben zu jagen, um zu gedeihen und sich zu vermehren. Das Schicksal von Eisbär und Packeis ist aufs Engste miteinander verknüpft, würde das Eis abschmelzen, wäre der Bär zum Aussterben verdammt.

Wir hatten das Schiff schnell wieder erreicht. Der Bär setzte seine Suche fort und spürte uns mit hochgereckter Schnauze weiter nach. Dreißig Meter vor dem Schiff blieb er stehen und sah uns minutenlang regungslos an. Im Ausschnitt meines Fernglases hatte ich seinen ganzen Kopf vor mir, und in seinen verschmitzten schwarzen Augen konnte ich eine Zärtlichkeit erkennen, die, wie unsere Furcht auch, bei aller gebotenen Distanz auf Gegenseitigkeit beruhte. Was wusste er vom Menschen, seinem einzigen Jäger? Ich konnte mir nur schwer vorstellen, dass dieses Tier nur auf Töten programmiert sein sollte. Aber das Leben in der Natur beruht auf dem Prinzip von Jagen und Gejagtwerden und lässt keinen Raum für den Ausdruck einer universellen Liebe der Arten zueinander. Wo verläuft also die Grenze zwischen »ich liebe dich« und »ich fresse dich«? Dieser unbekümmerte oder tollkühne Bär hatte sein Leben aufs Spiel gesetzt, als er sich uns näherte. Darauf programmiert, ihn zu fürchten, hatte ich nicht die nötige Courage, auf ihn zuzugehen und zu erleben, dass sich meine Erwartungen erfüllen könnten.

Wir erreichten die engste Passage auf der Umsegelung Spitzbergens, eine ausgesprochen schmale Fahrrinne zwischen dem Ostkap und der Barentsinsel, von den norwegischen Jägern auch »Schlangenloch« genannt. Da sie zu eng ist und zu stark von strudelnden Strömungen heimgesucht wird, wagen sich die Fischer selbst heutzutage nicht allzu oft hierher. Das Wasser war nicht so eisfrei, wie wir es uns erhofft hatten, was die Sache zusätzlich erschwerte. Dennoch führte uns die Strömung auf direktem Weg dorthin, aber aus Furcht stecken zu bleiben, folgten wir dem weisen Rat des Seemanns und entschieden uns für die Durchfahrt südlich der Barentsinsel. Das Manöver gelang problemlos, und vor uns lag der Storfjord gleich einem riesigen Binnenmeer. Hierher führte der Golfstrom den Fluss seiner nördlichsten Warmwassermassen, und wir brachten mehrere Wochen damit zu, diese näher zu bestimmen, bevor der Winter Einzug hielt.

Gefangen im Packeis

Es begann gegen zwei Uhr morgens, als wir durch die ersten Blöcke, die gegen den Rumpf stießen, unsanft geweckt wurden. Es herrschte jetzt schwarze Nacht, und in dem Strahlenbündel des Scheinwerfers auf der Brücke versperrte eine weiße Linie den Horizont: das Eis. Bei der Vorstellung, dass wir gerade im Begriff waren, im Packeis in eine Falle zu geraten, geriet ich in Panik. Alle begriffen sofort, dass wir unverzüglich wegkommen mussten. Motor, Ankerwinde – noch nie war ein Start so schnell über die Bühne gegangen. Mit halber Kraft bahnte sich das Schiff einen Weg durch ein Labyrinth dicht beieinander liegender Platten. Auf den ersten Seemeilen gab es nicht allzu viele Schwierigkeiten, aber besorgt fragte ich mich, wie viel Eis noch vor uns liegen würde. Wir befanden uns mitten im Storfjord, fünfzig Meilen vor der Südspitze Spitzbergens, die zu runden war, und in einem Umkreis von fünf Meilen zeigte der Radar kein Abklingen des Eises an. Der Lichtstrahl des Scheinwerfers reichte etwa hundert Meter weit, dahinter sah man nichts, und auf unserer blinden Flucht blieb uns nichts anderes übrig, als geradewegs nach vorn zu steuern.

Nach zwei Stunden Ruckelei im Packeis wurde die Situation immer kritischer. Der Radarschirm zeigte noch immer keinen Ausweg an, es sah nach einer homogenen, kompakten, unüberwindbaren Masse aus. Rick stieg auf den Mast und versuchte von dort mehr zu erkennen. Über Funk bat er darum, den Scheinwerfer auszuschalten, damit er sich an die Dunkelheit gewöhnen könnte. Dann war es lange still. Ich wurde immer unruhiger.

»Rick, kannst du mich hören?«

»Ja, ich höre dich.«

»Siehst du etwas?«

»Nein, es ist ganz dunkel. Und verdammt kalt. Ich steig' runter.«

Seine dunkle Stimme gab mir zu verstehen, dass es keinen wirklichen Ausweg gab, er gehörte nicht zu denen, die schnell den Mut verlieren. Motoren abschalten und warten – was konnten wir sonst tun? Wir saßen in der Falle, in einem Feld aus alten, unterschiedlich großen, harten, dicken, unzerstörbaren Platten, die sich im vorangegangenen Winter auf dem Polarmeer gebildet hatten und durch Wind und Meeresströmung weitergetragen worden waren. Es fiel mir schwer, diese Falle hinzunehmen, ich konnte nicht glauben, dass der Ostwind der letzten achtundvierzig Stunden so viel Eis aus der Barentssee herangetrieben haben sollte. Ich wusste, dass wir jahreszeitlich am Limit waren, dass wir eher hätten aufbrechen müssen. Aber wer hätte gedacht, dass alles so schnell gehen würde? Die Fischer hatten uns gesagt, dass der Storfjord seit ein oder

Wanderung auf dem Eis.

Die Brücke der *Antarctica* im Schnee.

Rechts: Die Hütte.

Jean-Louis Etienne
vor der *Antarctica*.

Die *Antarctica*
mit ihren
eigentümlichen
Formen.

Ozeanographie im Packeis.

Linke Seite:
Oben: Nordlicht.
Unten: Die *Antarctica* gefangen im Eis von Spitzbergen.

Angeln im Eis.

Weihnachten auf Spitzbergen.

Gespräch per Funktelefon von der Hütte zum Schiff.

Formen des Packeises.

Die Wiederkehr der Sonne.

zwei Jahrzehnten meist bis Ende Oktober zu befahren war. Es gab keinen Grund zur Eile, umso mehr, als die Temperaturen nie unter minus zwei Grad gesunken waren und auf der Wasseroberfläche keinerlei Kristallspuren hinterlassen hatten. Wir hatten uns ausgerechnet, zwei oder drei Tage später den Aufenthaltsort für die Überwinterung zu erreichen, nach einer letzten Serie von Messungen im Storfjord. Dieser unvorhergesehene Zwischenfall brachte unsere Pläne ernsthaft durcheinander. Ich fühlte mich schlecht, denn wenn nichts voranginge, wären wir an Bord eines abdriftenden Schiffes blockiert, ohne Manövrierfähigkeit, ganz und gar dem Spiel der Elemente preisgegeben.

Eine ähnlich ungewisse Situation hatte ich bereits im Ross-Meer in der Antarktis, auf dem Weg zum Erebus kennen gelernt. Wir hatten drei Wochen gebraucht, um der Packeisfalle zu entkommen, bevor wir den Vulkan ansteuern konnten. Aber hier schien das Problem ernster zu sein, denn es ging auf den Winter zu. Die Wahrscheinlichkeit, dass das Eis sich lockern würde, wurde von Tag zu Tag geringer, umso mehr als die durch den Ostwind herbeiströmenden Kaltluftmassen die Temperaturen hatten sinken lassen: Derzeit lagen sie bei minus sechs Grad. In meiner Ohnmacht zog ich es vor, mich auszuruhen. Innere Unruhe zehrt an der Geduld, und genau die brauchte ich. Ich lag in meiner Koje und spürte die periodischen Packeiswogen, die das Schiff in die Höhe trugen. Mit jeder, selbst kaum wahrnehmbaren Bewegung kletterte das Eis an der Aluminiumhülle des Rumpfes höher, mit einem immer schärfer werdenden Kreischen, da die Umklammerung immer enger wurde. Dennoch konnte ich etwas dösen. Gegen Mittag erhellte die Sonne, die seit einigen Tagen unter den Horizont abgefallen war, den Himmel mit ihrem fahlen Licht, ein trostloser Anblick. Die Eisplatten wuchsen im Frost aneinander und erschienen als endgültige Festung: Wir waren gefangen. Beim Mittagessen wurde diskutiert, spekuliert, nachgedacht... Das Reden brachte wieder Ordnung in die Gedanken, und wir konnten die Situation besser analysieren. Der nördlichste Ausläufer des Golfstroms reicht bis Spitzbergen, wo sein Wasser sich abkühlt, infolgedessen auch schwerer wird, absinkt und am Boden des Ozeans Richtung Äquator weiterströmt. Dieser Rundkurs, ein wesentlicher Faktor im klimatischen Geschehen, kommt in diesem Gebiet in besonderem Maße zum Tragen, was Anlass zu etwas Hoffnung gab, bevor wir uns endgültig auf den Winter hier würden einrichten müssen. Nicht zuletzt waren wir ja auch deshalb noch hier, wir wollten Messungen zu eben diesem Tiefseewasser durchführen. Wie lange wohl noch?

Gegen drei Uhr herrschte bereits tiefe Nacht. Die Position, die das GPS angab, zeigte, dass uns eine deutliche Drift des Packeises langsam zur Ausfahrt aus dem Storfjord trieb, was eher beruhigend war. Aber wie lange würden wir noch brauchen? Eigentlich missfiel mir diese unerwartete Drift nicht, ganz im Gegenteil. Allerdings bedrückte mich die Vorstellung sehr, meinen Verpflichtungen nicht nachkommen zu können, da Professor Claude so großen Anteil an unserem Messprogramm hatte. Was auch immer geschehen würde, das Schiff war jedenfalls solide genug, den Eispressungen standzuhalten, und wir hatten ausreichend Treibstoff und Lebensmittel, um bis zum Sommer durchzuhalten: Unser Leben stand nicht auf dem Spiel. In diesen hohen Breiten hatten Männer weitaus schlimmere Situationen durchlebt, angefangen bei unseren heroischen Vorgängern. Wie viele haben aufgegeben und sind vor Kälte und Hunger gestorben, abgeschnitten von der Welt, zermürbt von der Gewissheit, dass niemand ihnen zu Hilfe kommen würde? Wie viele Tage auf Leben und Tod in der eisigen Dunkelheit, mit beklemmender Angst bei jedem Knarzen des Schiffes, das mehr und mehr in die Mangel genommen wurde, bis es endgültig zerbarst? Das von den Fängen des Eises zermalmte Holz diente noch dazu, sich zu wärmen, ein paar Tage länger am Leben zu bleiben, durchzuhalten, aber wie lange? Jeder Tote gab noch eine magere Portion für die Überlebenden her. Es heißt, die Kälte würde langsam in den ewigen Schlaf führen und der weiße Tod sei ein allmählicher Übergang ins Jenseits. Aber es geht immer ein Kampf voraus, die Weigerung, sich dem Schicksal zu fügen, Momente grausamer Hellsichtigkeit, bevor man endgültig akzeptiert, dass es keinen Ausweg mehr gibt, bevor man sich dem Taumel der Finsternis überlässt. Die Kälte mag die Dinge beschleunigen, aber sie bewahrt einen nicht vor dem Wissen um den Tod.

Jetzt, an Bord der *Antarctica*, waren wir, auch wenn das Packeis uns dazu zwang, unser Sicherheitsnetz zu lockern, doch nicht von der Welt abgeschnitten. Wir hatten sogar ein Telefon, dessen Benutzung im Hin und Her mit der zivilisierten Welt unser Gefühl der Machtlosigkeit allerdings nur verstärkte. Heutzutage sind wir nicht mehr darauf vorbereitet, den Unwägbarkeiten mit Schicksalsgläubigkeit zu begegnen, wie zu Zeiten Nansens oder Shackletons. Abenteuer sollten schon immer beherrschbar sein, sich in ein Budget, einen Zeitplan, eine Kosten-Nutzen-Rechnung fügen ... Über die Jahrhunderte hinweg hatten die Auftraggeber stets dieselben Ansprüche, und alle Entdecker fürchteten das Unvorhersehbare. Was heute jedoch grundlegend anders ist, ist der Maßstab der Zeit. Alles wird komprimiert, der Rücklauf auf die Investitionen der Sponsoren muss schnell erfolgen, und die Geduld ist schnell am Ende. Ich akzeptierte diese neue Rollenverteilung, sonst wäre ich nicht hier, aber ich bedauerte, dass diese Zwänge mich die Launen des Wetters fürchten ließen, wo ich mich doch so gern der Macht der Elemente überlassen hätte.

Gegen 18 Uhr kam Nordwind auf, und die eisernen Schraubzwingen ließen allmählich locker. Um 20 Uhr schwamm das Schiff wieder. Durch das natürliche Schaukeln wurde die Atmosphäre entspannter, wir schöpften wieder Hoffnung. Motoren an, wir durften nicht nachlassen, auch wenn auf dem Radarschirm keine Anzeichen für eine Besserung zu sehen waren. Auf diesem noch sehr dichten Packeis ähnelte unser langsames, chaotisches Vorwärtskommen den letzten Zuckungen vor dem Todeskampf. In der schwarzen Nacht konnte der Steuermann seine Route kaum erkennen, und die *Antarctica* gab bei jedem Aufprall Meldung, die Erschütterungen, die durch die Masten gingen, ließen das ganze Schiff vibrieren. Die mit voller Kraft laufenden Motoren wirbelten viel Wasser auf, und manchmal stießen Eisblöcke, die in den von den Schiffsschrauben geschaffenen Tunnel gesogen wurden, mit großem Lärm gegen den Rumpf. Nach zwei Stunden Fahrt hatten wir mühsam vier Meilen südwärts absolviert. Der Radar zeigte noch immer keinerlei Hinweis darauf, dass sich das Packeis lockern würde, als wir mit einem Mal leichter und flüssiger vorankamen. Im Scheinwerferlicht konnten wir deutlich erkennen, dass das Eis hier anders beschaffen war. Wir bewegten uns in einer dicken Suppe vorwärts, die sich gerade an der Oberfläche des schwarzen Wassers bildete: Es hatte minus acht Grad, und der Ozean begann sich zu verfestigen! Das noch geschmeidige Meer ließ uns ohne weiteres durch, aber jeden Moment konnte uns erstarrtes Wasser überraschen, wie Gips im Kübel, wenn man zu viel Zeit hat verstreichen lassen. Die Kruste an der Oberfläche hatte die Transparenz von Milchglas, es war dies der entscheidende Moment, da die Materie von einem Zustand in den anderen wechselt. Stellenweise stückelten die Wellenbewegungen des Meeres das teigige Eis in kleine Einheiten, die durch Reibung eigene Formen annahmen und sich gegenseitig die Kanten schliffen. Wie runde Blätter lagen sie auf dem zähflüssigen Meer, tanzten in der Dünung und legten sich eine kristallene Krone zu. Man hätte sich inmitten von Seerosen jeder Größe glauben können, von den allerkleinsten bis hin zu solchen, deren Durchmesser mehrere Meter betrug. Die Franzosen bezeichnen sie als »Crêpe-Felder«, auf Deutsch spricht man von »Pfannkuchen« – Begriffe, die eine Ahnung vermitteln von den idyllischen Träumen der ersten Entdecker, kurz bevor der harte Winter Einzug hielt. Hin und wieder stießen wir gegen kompakte, unüberwindbare Flächen aus altem Eis, die uns zu undurchschaubaren Umwegen über Bahnen aus jungem Eis zwangen. Um zehn Uhr morgens, als wir die Hälfte der Strecke zur Ausfahrt aus dem Storfjord hinter uns hatten, fuhr ein trübseliger Wind durch die Takelage: Wir kamen nicht durch. Rund zwanzig Meilen vor dem Südkap von Spitzbergen hingen wir im Netz. Ich war aufs Äußerste angespannt, denn diese Stunden der Blockade im Winterkorridor entschieden über alles. Wenn wir nur diese paar Meilen hinter uns bringen könnten, wären wir dank der Strömung in der Barentssee aus dem Schneider.

Gegen Mittag waren wir noch keinen Meter weiter. Es war schön und kalt, der klare Himmel streute ein metallenes, eisiges Licht. Das Meer hatte seinen dicken Wintermantel angelegt und schien daran festhalten zu wollen. Die Elemente behaupteten sich, sie waren stärker als alles andere, und irgendetwas sagte mir, dass wir von nun an nichts mehr entscheiden könnten. Auf diese Weise gefangen im Eis, fühlte ich mich plötzlich sicher vor den Anforderungen der Welt, befreit von unserem Forschungsprogramm und den Verpflichtungen, die ich eingegangen war, um hier, auf dem Planeten des Eisbären, zu überwintern.

Ich gab den Kampf auf und begann, die Schönheit dieses vergänglichen Sonnenaufgangs zu lieben. Bloß nicht den Zweck der Reise aus den Augen verlieren und begreifen, dass wir hierher gekommen waren, um solche Momente äußerster Schönheit zu genießen, mit dieser rohen, ungeschminkten Kunst verschmelzen, deren Reinheit einen veranlasst, das zu hegen, was man an Zärtlichstem in sich trägt, sich seiner wahren Natur überlassen. Alles andere schien nur mehr ein Alibi zu sein.

Gegen Mitternacht begann sich das im friedlichen Winter eingeschlafene Schiff erneut zu regen. Im Reich des Eises blieb wirklich alles unvorhersehbar. Im letzten Moment brachte die Drift uns ein paar Meilen voran; bei dieser Geschwindigkeit würden wir Spitzbergen ohne eigenes Dazutun im Laufe der Woche umrundet haben. Verhaltene Euphorie machte sich breit, als sich am Rande des Radarschirms eine Zone freien Wassers auftat. Zu verstehen gab es da nichts. Im Grunde hat, was das Meer angeht, selbst der Radar keinen weitreichenden Überblick über die Packeisbewegungen, man hat den Eindruck, den ganzen Ozean zu sehen, während der Observationsradius auf wenige Seemeilen beschränkt ist. Es gab wieder Hoffnung: Motoren an und vorwärts, wir mussten alles unternehmen, um diesen Ozean zu erreichen. Ich nutzte den entspannten Moment, um ein wenig Schlaf nachzuholen.

Kaffeeduft weckte mich am frühen Morgen. Als Jean mich aus meiner Kabine kommen sah, reckte er zum Zeichen des Sieges die Faust in die Luft.

Hurra! Das Südkap lag hinter uns, und wir fuhren die Westküste entlang!

In der Nacht hatte ich nichts gehört. Das Schiff steuerte durch elastisches Eis in einer zähen Salzlake. Auf dieser Seite Spitzbergens waren wir im Prinzip vor den kompakten Packeismassen sicher, die die Barentssee hierher treibt. Jetzt würden wir, was auch immer passierte, auf dem Golfstrom unser Winterquartier erreichen.

Am darauf folgenden Abend zeichnete sich auf dem Radarschirm endlich geradewegs vor uns die Einfahrt in den Van Mijenfjord ab, ein recht eng wirkendes Tor zwischen den Felsen. Die nautischen Anweisungen erwähnten eine Strömung, die vier bis fünf Knoten erreichen konnte. Es galt, ihr mit hoher Geschwindigkeit zu begegnen. In der Dunkelheit fuhren wir volle Kraft voraus. Rechts erahnten wir das leise Funkeln einer Bake auf dem Felsen an der Einfahrt. Im Scheinwerferlicht wirbelten Eisblöcke durch schwarzes, aufgewühltes Wasser. Es war ganz offensichtlich eine Strömung vorhanden, und sie verlief entgegen unserer Fahrtrichtung. Beide Motoren liefen auf vollen Touren, und so steuerte das Schiff mit vier Knoten durch diese Brühe, die aufgrund der Dunkelheit und des Windes noch beeindruckender war. Der immer enger werdende Flaschenhals zeichnete sich genau auf dem Radarschirm ab. Draußen sah man nichts, aber als ich das blässliche Licht der Bake auf unserer Seite sah, wusste ich, dass das Schlimmste hinter uns lag. Das Wasser wurde ruhiger, aber fünfhundert Meter, nachdem wir die »Turbine« passiert hatten, fuhr die *Ant-*

arctica erneut in eine zwanzig Zentimeter dicke Eisschicht hinein. Es war junges Packeis, das sich in dem ruhigen Gewässer des Fjordes gebildet hatte. Es war glatt, kompakt, homogen, nicht von der Dünung bearbeitet und verursachte eine so starke Reibung am Rumpf, dass wir bei voller Kraft mühsam mit einem Knoten vorankamen. Das Schiff vibrierte in ohrenbetäubendem Lärm. Zeitweise mussten wir zwei Versuche machen: zurück, Anlauf nehmen und den Rumpf auf das Eis hieven, das unter dem Gewicht einbrach.

Nach fünfstündigem Ringen fuhren wir endlich in die kleine Bucht von Fridtjofhamna ein. Wir mussten nicht einmal den Anker werfen, das Eis hatte uns bereits zum Stillstand gebracht. Nachdem die Motoren ausgeschaltet waren, machte sich plötzlich bleierne Stille auf dem Schiff breit. Unsere vom Kampf ganz benommenen Gesichter konnten sich endlich entspannen, und wir begingen die Ankunft mit Champagner. Draußen tanzte der grüne Schleier eines nördlichen Tagesanbruchs in der Dunkelheit: Der lange Winter begann.

Die lange Nacht

Seit über einem Monat hatte die Nacht alles verschlungen. Wir hatten unsere Tätigkeiten im Freien auf den Rhythmus des Mondes abgestellt, des einzigen leuchtenden Gestirns. Es brauchte nur wenig, um etwas zu sehen, die schmalste Mondsichel bestrahlte den weißen Schnee derart, dass man meinte, das Licht käme aus dem Boden. Auf der Brücke wachten Chinook und Kuka über uns und lauerten auf das kleinste Signal. In dieser Nacht des 2. Dezember, als alle in ihrer Kabine schliefen, hatten unsere Hunde zweimal angeschlagen. Sie ließen öfter mal ohne ersichtlichen Grund ein Knurren hören, aber zum ersten Mal spürte ich eine gewisse Hartnäckigkeit. Vielleicht war da draußen irgendetwas. Ich kannte diese rauen Mischlinge, eine Kreuzung aus Husky und Alaskan Malamut, sehr gut, es war nicht ihre Art, über die kleinste Unbequemlichkeit zu klagen. Ich kannte auch ihr Murren im Traum, ihr freudiges Aufjaulen, die sehnsuchtsvollen Sirenen der Vollmondnächte, aber dieses Mal hatte ich eindeutig einen jener Warnlaute vernommen, wie sie sie manchmal auch in der Antarktis von sich gegeben hatten, wenn sie sich bedroht fühlten. Während der Überquerung des Südpols, als der Schneesturm sich anschickte, das Camp dem Boden gleich zu machen, hatten sie um Hilfe gebellt, damit das Seil gelöst wurde, an dem das gesamte Geschirr befestigt war. Wir mussten unverzüglich aufstehen, uns warm anziehen und hinaus in Kälte und Wind, um sie loszubinden, damit sie nicht im Schnee erstickten. Hier stellte sich dieses Problem nicht, denn ihr Unterschlupf oben auf der Brücke bot ihnen Schutz vor den Schneeverwehungen. Von diesem Beobachtungsposten aus sollten sie uns warnen, sobald Eisbären in Schiffsnähe auftauchten. Also wollte ich wissen, ob sie nicht einfach ihren Späherdiensten nachkamen. Bis an die Zähne bewaffnet, stieg ich auf die Brücke und wartete regungslos, um mich an die Dunkelheit zu gewöhnen. Chinook spürte, dass ich da war. Grummelnd und schwanzwedelnd kam er aus seiner Kiste und verzog sich dann wieder in seine Nische. Nach zehn Minuten gab es immer noch nichts Neues. Trotz aufmerksamer Beobachtung sah ich nichts, nicht den Schatten eines Eisbären im Schnee, keine Spur von einem Sohlengänger im Scheinwerferlicht, das fünfzig Meter weit reicht. Was also war passiert, war der Bär für mich außer Sichtweite?

Chinook und Kuka stammten aus Longyearbyen, wo sie sommers wie winters zusammen mit dreißig anderen Hunden draußen in einem Zwinger lebten. Auch ohne große Erfahrung in der Wildnis hatte ihr Instinkt mit Sicherheit irgendetwas Ungewöhnliches aufgespürt, zumal beide so reagierten. War da etwas im Anmarsch, oder wollten sie uns nur zum Narren halten? Einen Moment lang horchte ich noch auf jedes Geräusch, dann ging ich wieder schlafen. Nur das gesunkene Barometer deutete eine Änderung an, wir mussten uns auf einen raschen Wetterumschwung gefasst machen.

Gegen neun Uhr morgens saßen wir zum Frühstück am Tisch im Salon.

»Hast du heute Nacht etwas gesehen?«, fragte mich Jean, der alles mitangehört hatte.

»Ich hatte den Eindruck, dass die Hunde unruhig waren, deshalb bin ich raus, aber gesehen habe ich nichts.«

In dem Moment kam Rick mit befriedigtem Gesichtsausdruck herein.

»Ich glaube, ich weiß, was passiert ist.«

An mich gewandt, fuhr er fort:

»Hast du die Spuren auf der Brücke nicht gesehen?«

»Spuren? Was für Spuren? Hast du Bärenspuren gesehen?«

»Nein, Spuren von einem Fuchs. Er ist über den verwehten Schnee auf die Brücke gestiegen, und dann hat er sich bis hinten vorgearbeitet und sich wie ein Kreisel um den Rentierschenkel gedreht. Zum Glück hatte ich den einigermaßen hoch gehängt, sonst hätte er ihn sich geschnappt.«

Ich hatte nach dem Bären in der Ferne gesucht und darüber die Spuren direkt vor meinen Füßen nicht gesehen. Diese Geschichte mit dem Fuchs gefiel mir gut, dieses unverhoffte Leben aus dem Hinterhalt, das etwas gegen uns im Schilde führte. Wir waren nicht die einzigen, die der Mysterien der endlosen Nacht teilhaftig wurden.

Irgendetwas schlug jetzt auf den vorderen Rumpf, und Kuka bellte zweimal hintereinander. Mit entschlossener Mine ging Rick wieder hinaus und nahm Taschenlampe und Karabiner mit. Kurz darauf kehrte er lächelnd zurück:

»Da draußen steht ein Bär, der gern hereinkäme, weil schlechtes Wetter im Anzug ist. Nein, Scherz beiseite, es ist der Tampen von der Ankerbefestigung, der immer gegen den Rumpf schlägt, er ist gefroren, und der Wind schüttelt ihn wie einen Glockenklöppel. So langsam bläst es ganz schön, und es wird bestimmt innerhalb kürzester Zeit anziehen, ihr habt ja gesehen, wie das Barometer gefallen ist, der Zeiger steht fast ganz unten auf der Trommel.«

»Dann sieht es ja gut aus«, sagte Jean händereibend, »für einen schönen Tag in den Federn!«

Stürme sind immer angenehmer im Hafen, was hier umso mehr galt, als mit der Eiszwinge um uns herum keinerlei Gefahr bestand, gegen den Kai geschleudert zu werden.

Um dreizehn Uhr klopfte Denis, der an dem Tag Küchendienst hatte, an unsere Kabinentüren, um uns zum Essen zu rufen. Die Einhaltung der Essenszeiten war das Einzige, was ich uns an Zwängen für dieses Leben am Rande der Zivilisation auferlegte. Ohne Tageslicht und entsprechende Aktivitäten sorgte diese zeitliche Einteilung dafür, dass sich die unvermeidliche Verschiebung von Tag- und Nachtrhythmus bei uns in Grenzen hielt und ein Miteinander innerhalb der Mannschaft aufrechterhalten wurde. Denis hatte tief in der Gefriertruhe die Schulter eines Warzenschweins von den Chatham-Inseln nahe Neuseeland entdeckt, wo wir auf dem Weg zum Erebus einen Zwischenstopp eingelegt hatten. Obwohl das Fleisch noch genießbar war, hatte es doch einen starken Eigengeschmack, der im Übrigen perfekt zu den auch ansonsten rauhen Gegebenheiten passte. Das Tief hatte gar nicht erst gewartet, bis wir saßen, um sich zu uns zu gesellen, und sein Durchzug zwang uns, die Stimme deutlich zu heben. Trotz aller Vorsichtsmaßnahmen, die wir vor dem Sturm ergriffen hatten, klapperten die Fallen die Masten rauf und runter. Der Windmesser lieferte sich äußerst ungewöhnliche Flirts mit der Sechzig-Knoten-Markierung. Mit unaufhörlichem Lärm fuhren die Böen über uns hinweg wie ein mit hoher Geschwindigkeit auf metallischem Untergrund fahrender Zug. Draußen warteten Chinook und Kuka in Ruhe das Ende des Orkans ab, kein Tier trieb sich bei diesem Hundewetter herum. Das Unwetter ließ bis zum darauf folgenden Morgen nicht nach, als die Ruhe, ganz dem gestiegenen Barometer entsprechend, ebenso plötzlich wieder einkehrte, wie sie sich zuvor verabschiedet hatte.

Früh morgens hatte der Himmel wieder seine schwarze, unergründliche, mit tausend Lichtern übersäte Transparenz. Die Sterne wirkten strahlender denn je, als hätte der Sturm die Glühbirnen am Himmel gereinigt. Das Mondlicht im Hintergrund verlieh dem Schnee die unwirkliche Dicke einer fluoreszierenden Decke, die sich über die Unebenheiten des Bodens wölbte. Hier waren wir nun, bei Vollmond, und nie hatte sich mir die Winterkulisse derart offenbart. Es herrschten minus 28 Grad, und aufrecht in meinem Schlafsack stehend genoss ich bebend diese intime Berührung mit der rohen Materie. Keine Spur, nichts, nicht der geringste Abdruck, alles schien der Entdeckung zu harren wie im Anbeginn der Zeiten. Dann und wann trug die vom Meer heranwehende Brise das Zischen eisfreien Wassers zu uns. Der Sturm hatte sicher gute Arbeit geleistet, und ich war gespannt zu sehen, in welchem Zustand das Packeis sich wohl befände.

Am frühen Nachmittag beschloss ich, eine kleine Tour dorthin zu unternehmen. Der Mond war untergegangen, es war stockdunkel. Mit angeschnallten Skiern, einem kleinen Überlebensrucksack, umgehängtem Gewehr und Stirnlampe brach ich auf... In diesen Breiten geht man selbst den kleinsten Spaziergang nur gut ausgerüstet an. Der Schneesturm hatte das Schiff bis auf die Höhe der Brücke versenkt, und die Relingsdrähte standen wie ein Feldzaun heraus, über den man nur mit einem großem Schritt hinwegsteigen musste, um an Bord zu gelangen. Nach einer halben Stunde war mein Weg durch einen endlosen schwarzen Abgrund versperrt, der steil hinab ins Meer führen musste. Aus der Finsternis stieg der Dampf der Verwüstung auf, beladen mit gefrorener Gischt, die mein Gesicht erstarren ließ und den Grat mit feinstem Rauhreif überzog. Ich machte die Stirnlampe aus, um mich an die Dunkelheit zu gewöhnen, und allmählich lüftete sich der Schleier über dem Chaos. Der Schaum der Wellen trat kurzlebigen Lichtern gleich aus der Nacht hervor. Am Fuß der Schlucht trug die Dünung gewaltige Eisplatten empor, die mit Donnergetöse am Felsen zerschellten. Ein erhabenes Spektakel! Staunend saß ich da, bis die Kälte mich vertrieb. Um mir nichts entgehen zu lassen, ging ich den Abgrund entlang, bis ich mich wieder zum Schiff hinunterbewegte, und wurde auf meinem Weg durch die Dunkelheit vom Schimmer der Scheinwerfer auf der Brücke geleitet. Ich fühlte mich wohl. Die unbezähmbaren Kräfte der Natur haben schon immer eine sehr beruhigende, kathartische Wirkung auf mich gehabt.

Der kalte, vom Wind zusammengepresste Schnee knirschte bei jedem Schritt unter den Skiern. Ich hatte noch mehrere hundert Meter zu gehen, als plötzlich all meine Schutzmechanismen in Alarmbereitschaft versetzt waren, ohne dass ich auch nur darüber nachgedacht hätte: Eisbärenspuren, ganz frische Abdrücke, das Tier war gerade hier vorbeigekommen! Voll Panik griff ich nach dem Karabiner und hielt mich schussbereit. Ich hob den Kopf an, um dem Verlauf der Fußspuren nachzuleuchten, aber im Lichtkegel meiner Lampe zeigte sich nichts. Dabei musste das Raubtier ganz in meiner Nähe sein und mich aus dem Dunkeln heraus beobachten. Was tun? In die Luft schießen, um den Bären zu verschrecken? In welche Richtung würde er dann laufen? Ich wollte ihn keineswegs in Rage versetzen und Zweifel an meinen friedlichen Absichten aufkommen lassen. Der Größe und Tiefe der Spuren in diesem harten Schnee nach zu urteilen, handelte es sich um ein ausgewachsenes Tier mit entsprechendem Gewicht.

Plötzlich erinnerte ich mich daran, wie ich unterwegs zum Nordpol zum ersten Mal auf derart frische Spuren gestoßen war. Der Bär konnte nicht weit weg gewesen sein, versteckt hinter Eisblöcken, vor allem aber war ich nicht bewaffnet gewesen. Auf dem Wege einer telepathischen Mitteilung an das Tier, mit der ich es bescheiden darum bat, sein Reich durchqueren zu dürfen, hatte ich mich damals wieder beruhigt. Kein Vergleich mit meiner jetzigen Situation, ich trug eine Waffe und hatte ein paar Kabellängen weit weg ein solides Refugium; mein Zelt am Nordpol dagegen hätte den Pranken des Fleischfressers nicht wirklich etwas entgegengesetzt. Der Gedanke daran gab mir wieder etwas Halt. Ich hatte nicht die couragierte Absicht, ihn zu verfolgen, aber seine Spuren führten zum Schiff. Entweder ich folgte ihnen also, auch auf die Gefahr hin, ihm zu begegnen, kontrollierte aber gleichzeitig seinen Standort, oder aber ich zog mich zurück, um ihn nicht zu provozieren. Mechanisch entschied ich mich dafür, den Spuren zu folgen, doch wurde mir sehr schnell klar, dass ich, gleich wie, in der Falle säße: Er konnte jederzeit aus dem Dunkeln heraus vor mir stehen. Hundert Meter vor der *Antarctica* hatte der Bär die Richtung gewechselt, und seine Spuren verliefen sich in der Dunkelheit. Das Tier war nicht zwangsläufig weit weg, aber in dieser Entfernung hätte ich die Hunde bellen gehört, sofern diese ihre Funktion als Wachen erfüllten.

In mehr oder weniger kontrollierter Hast beschleunigte ich meine Schritte, um endlich die Angst loszuwerden. Es heißt, dass man niemals weglaufen soll, wenn man einem Wildtier entkommen will, aber es fiel mir wirklich schwer, dem Rat zu folgen. Auf dem Schiff fand ich eine beunruhigte Mannschaft vor, die wusste, dass sich irgendwo in der Nähe ein Bär herumtrieb. Chinook und Kuka hatten sie mehrfach alarmiert, und im Scheinwerferlicht hatten sie ihn dann gesehen, ein schönes Tier, eines jener Männchen, die den Winter über umherziehen. Einen Moment lang hatte er im Schnee gescharrt, vor dem »meat tower«, dem »Fleischturm«, einem Gerüst aus Rundhölzern, wie es die Trapper neben ihren Hütten errichten, um im Anschluss an die Jagd ihre Robben dort aufzuhängen. Drei Kadaver hingen daran, unerreichbar selbst für einen Bären, der sich auf die Hinterbeine stellt. Denis bedrängte mich mit Fragen, er wollte wissen, ob ich ihn gesehen hätte. Als ich die Geschichte erzählte, begriff ich, wie die Spuren im Schnee zustande gekommen waren. Der Bär, der vom Schiff auf seltsame Weise angezogen worden war, hatte sich auf das Bellen der Hunde hin plötzlich wieder entfernt. Er hatte sich dann auf den »meat tower« zubewegt und war schließlich, genervt vom Scheinwerferlicht, langsam in der Dunkelheit verschwunden. Ich benötigte mehrere Tage, um diese weiße Spur der dunklen Nächte aus meinem Gedächtnis zu streichen.

Im Grunde störten uns die Stürme ganz und gar nicht. Sie sorgten für Veränderung und Emotionen und brachen mit der winterlichen Monotonie unter dem Polarstern, der zu jeder Tages- und Nachtzeit unweigerlich über uns schwebte. Das nördliche Morgenrot machte von Zeit zu Zeit Meldung von der Sonne, die seit zwei Monaten verschwunden war.

Nach jeder Eruption lud der Lichtstrom ihrer vom magnetischen Pol angezogenen Strahlen fluoreszierende, flatternde, flüchtige Spitzenstickereien in das Azur, ein Anblick, dessen man nicht überdrüssig wurde. An Bord verrichtete jeder entsprechend seinem eigenen Rhythmus Routine- und Wartungsarbeiten, nahm Messungen vor, führte Tagebuch… Die andauernde Abschottung zwang einen zur Beschäftigung mit sich selbst und verhinderte, dass die anderen mit eigenen Erwartungen befrachtet wurden. Nachdem uns die Neuigkeiten aus der Welt nichts anhaben konnten, machten wir uns allmählich frei von den dort herrschenden periodischen Krisen und Dauerkonflikten, die unsere Seele mit einem ohnmächtigen Schuldgefühl bedrücken. Die Läuterung von reinen Konsumkräften schuf Platz für existentielle Werte. Bei dieser Einkehr waren weder ein Guru noch die Richtschnur eines religiösen Glaubens am Werk. Alle hatten sich ohne Alibi, ohne doppelten Boden dazu verpflichtet, nur auf das Verlangen hin, dieses Abenteuer, dessen Bewährungsprobe in der Isolation bestand, zu durchleben. Das Exil verlangte von jedem, auf eigene, zumeist unvermutete Ressourcen zurückzugreifen. Der gegenseitige Respekt, den dieser Mikrokosmos voraussetzte, die permanent herrschende Dunkelheit, die Beschränkung auf das Wesentliche inmitten dieser mächtigen Natur setzten eine konfessionslose, empfindsame, offene, unvoreingenommene Form der Spiritualität frei. Man muss immer wieder mit der zwanghaften Bulimie der Welt brechen, um zu der wohltuenden Einfachheit des Menschlichen zurückzufinden.

Lichtjahre entfernt vom Geschenkebasar, sind wir allerdings der Freude, Weihnachten zu feiern, nicht entronnen. Rick, der über sämtliche Stauräume auf dem Schiff wachte, hatte aus einem geheimen Versteck einen künstlichen Weihnachtsbaum und eine blinkende Lichterkette hervorgeholt. Kurz vor Mitternacht, als Denis auf seiner Harmonika ein Klagelied anstimmte, stand der Weihnachtsmann vor der Tür. Er war schwer bepackt am Nordpol aufgebrochen und nun hoch erfreut über seinen ersten Zwischenstopp an Bord der *Antarctica*. Er blieb nicht sehr lang, da er schließlich allen Kindern auf der Welt einen Besuch abstatten muss. Als Geschenk brachte er uns eine ausgesprochen gute Nachricht mit: Weit dahinten unterm Horizont trat die Sonne allmählich ihre Rückreise an.

Die Rückkehr der Sonne

»Morgen ist das Namensfest von ›Juliane‹, und die Sonne scheint vier Minuten länger.« So heißt es alljährlich am Abend des 15. Februar beim meteorologischen Divertimento nach der Werbung und im Anschluss an die Nachrichten. Am Abend des 16. Februar dann hat niemand etwas von dieser zeitlichen Aufstockung gemerkt, vier Minuten Tageslicht mehr sind so gut wie gar nichts, zumal wenn Abend und Morgen sie untereinander teilen. Am 77. Breitengrad 40' dagegen zeigt sich die Sonne an diesem Tag für genau vier Minuten; das stellt alles im Leben der Menschen im hohen Norden auf den Kopf.

Zum ersten Mal ist das ganze Rund am Horizont aufgetaucht. Das Gestirn ist langsam emporgestiegen und hat auf Zehenspitzen über den nächtlichen Vorhang gelugt. Das Relief der Berge hat sich in der purpurnen Morgenröte entzündet, und der schmucklose Gletscher hat sich in einem einzigen Silberstrom schlängelnd ins Meer hinab ergossen. In diesen vier Minuten hat die Sonne unser ganzes Leben ausgemacht, und wir haben sie nicht aus den Augen gelassen, während sie ihre kleine Kurve beschrieb. Ihre kaum spürbare Wärme war eine vorübergehende Auferweckung nach viermonatiger Nacht. Es wäre ein Sakrileg gewesen, unseren ausgehungerten Sinnen auch nur eine Sekunde davon vorzuenthalten.

Nachdem sie wieder untergegangen war, fanden wir uns alle aufgeregt und benommen im Kajütsalon ein; die Sonne hatte unsere Hypophyse angeregt. Sie hatte soeben in unseren Mikrokosmos eingegriffen und mit der selbstgenügsamen Routine an Bord aufgeräumt. Von nun an bestimmte sie wieder das Tempo. Durch ihr Licht rief sie uns hinaus in die große Weite. Wir waren wieder von dieser Welt.

Eine halbe Stunde, nachdem die Sonne den Horizont verlassen hatte, es war noch hell, drang der Motorenlärm von Schneescootern durch die Stille. Lange war nur das Brummen der Maschinen zu hören, bevor sie an der Spitze des Kaps, am anderen Ende der Bucht, in der wir überwinterten, hervorkamen. Wohin nur wollten diese beiden Männer in der extremen Kälte und zu dieser späten Stunde? Sie durchquerten die Bucht entlang der Küste und fuhren schließlich auf uns zu. Der vorsichtige Kurs auf dem Festland ließ auf Menschen schließen, die sich hier gut auskannten.

Der erste trug eine Lappenmütze und ein Cape aus dicker Wolle und schien die Kälte nicht zu fürchten. Mit der Haltung eines Cowboys stieg er von seinem Scooter herunter. Von seinem zu Eiszapfen gefrorenen, dicken Schnauzbart in dem bläulich angelaufenen Gesicht tröpfelte das Wasser, das er ständig abschleckte. Irgendwie erinnerte der Mann, der sich uns mit breitem Grinsen vorstellte, an einen Gallier.

»Guten Tag, ich heiße Björn, mein Gefährte da ist Utwig. Wir sind heute morgen in Longyearbyen gestartet und ganz rauf auf den Gipfel da drüben gefahren, der ersten Sonne entgegen. Wir haben's wirklich gut getroffen. Und weil das Wetter stabil ist, dachten wir, wir machen einen Abstecher zu euch.«

»Herzlich willkommen!«

Utwig war schweigsam, es dauerte, bis er von seiner Maschine heruntergestiegen war. Er bewegte sich langsam, wie erstarrt von der Kälte. Wir hatten minus 31 Grad. Als er seine Kapuzenmütze abnahm, sahen wir, dass dieser große, hagere Körper nicht nur vor Kälte steif war. Sein furchiges Gesicht und der weiße Bart verrieten jemanden um die siebzig. Er war nicht mehr der Jüngste für eine so lange Wintertour, aber er bewegte sich vertrauensvoll in den Spuren dieses extrovertierten Lappen. Der sehr südländisch wirkende, gesprächige Björn beschäftigte die ganze Runde mit seinem äußerst bruchstückhaften Englisch. Die Sonne schien ihn elektrisiert zu haben. Utwig, der am Tischende saß, sprach kein Wort. Der stille, friedliche Mann kommunizierte über ein schüchternes Lächeln. Als die Wärme an Bord die faltigen Verstrebungen in seinem Gesicht gelöst hatte, erschien er uns jünger. Zuerst glaubten wir, er würde von unserer Unterhaltung nichts verstehen, bis er uns sehr dezent von sich erzählte.

»Ich bin zweiundsiebzig Jahre alt und lebe seit acht Jahren auf Spitzbergen. Vorher war ich viel mit einem kleinen Segelboot unterwegs, aber darüber reden wir später, wir werden noch Gelegenheit haben, uns wiederzusehen.«

Die Zeiger der Uhr schritten voran, der Wein floss, die Nacht machte ihre Rechte wieder geltend, und Zeit spielte keine Rolle mehr, als Björn sich auf Norwegisch an seinen Gefährten wandte. Utwig nickte leicht.

»Ihr werdet doch jetzt nicht aufbrechen?«, fragte Denis besorgt.

In der Dunkelheit und bei der Kälte brauchte man mindestens drei Stunden zurück nach Longyearbyen.

»Nein, nein«, antwortete Björn, »wir schlafen in der Hütte da drüben und fahren morgen zurück. Es ist für alles vorgesorgt, wir hatten das schon so geplant.«

Nach kurzer Pause wandte er sich grinsend an mich:

»Um ehrlich zu sein, Utwig und ich hatten uns gesagt, wenn die Franzosen uns freundlich empfangen, übernachten wir in der Hütte, ansonsten hätten wir uns sofort wieder auf den Weg gemacht.« Er prustete los.

»Wollt ihr nicht an Bord bleiben? Es sind noch Schlafplätze frei.«

»Nein, danke, auf dem Schlitten ist alles, was wir brauchen. Feuer, eine heiße Suppe, ein kleiner Schnaps, und dann werden wir schlafen wie zwei Bären. Ha, das ist schon ein Leben!«, sagte er und ließ sich von Utwig bestätigen.

Der alte Mann hatte keine Wahl. Zweihundert Meter vom Schiff entfernt stand auf der Halbinsel vor uns direkt am Wasser eine Hütte, aus Treibholz errichtet, ein sehr robuster, gut ausgestatteter Unterschlupf.

»Sie gehört Luis, einem Trapper aus Tromsö, den ich kenne«, sagte Björn. »Hier in Spitzbergen stehen solche

Hütten immer offen, und du kannst dort bleiben, wann immer du willst, sofern du den Erbsenvorrat wieder auffüllst und keine Lebensmittel rumliegen lässt.«

Und mit einem Blick in die Runde fuhr er fort:

»Lebensmittel sind der schlimmste Feind der Hütten, denn wenn ein Eisbär sie wittert, bearbeitet er Türen und Wände so lange, bis möglicherweise alles kaputt ist.«

Utwig, der sich warm angezogen hatte, drehte sich zu Björn um, der mit seinem Vortrag fortfuhr.

»Können wir gehen?«

»Ja, mein Freund, sofort.«

Der Himmel war sternenübersät, und es war eisig kalt.

»Bis morgen, wir kommen nochmal vorbei, bevor wir aufbrechen.«

»Gute Nacht, bis morgen!«

Denis hatte neben Utwig gesessen und sich abseits vom Stimmengewirr ein wenig eingehender mit ihm unterhalten können, sodass er nun ein wenig über seine Pläne unterrichtet war. Der alte Norweger hatte schon seit langem vor, das Frühjahr hier zu verbringen, allein in dieser Hütte, die Luis ihm zur Verfügung gestellt hatte. Aber er hatte nicht damit gerechnet, dass wir zweihundert Meter weiter überwintern würden, und so war er gespannt, unsere Bekanntschaft zu machen.

Tags darauf gegen elf Uhr, als der Himmel langsam heller wurde, kamen die beiden noch auf einen heißen Kaffee vorbei, bevor sie den Rückweg antraten.

»Wir bleiben nicht lang«, verkündete Björn, »wir wollen aus dem Rentiertal heraus sein, bevor die Sonne aufgeht.«

Und im Qualm ihrer Maschinen waren sie auf und davon.

Anfang März blieb es bereits deutlich länger hell. Innerhalb von zwei Wochen war die Sonnenscheindauer von null auf acht Stunden angestiegen. Im Schutz eines äußerst stabilen Hochdruckgebiets hatten wir eine lange Schönwetterphase durchlebt, und Utwig war noch immer nicht wieder aufgetaucht. Unsere Gesellschaft schien ihm angenehm gewesen zu sein, aber unsere Anwesenheit in so unmittelbarer Nähe war ihm vermutlich nicht recht, und so hatte er seine Pläne bestimmt geändert.

Auf Spitzbergen findet am zweiten Märzsonntag der Aufbruch zu den großen Schneescootertouren über die ganze Insel statt. Am späten Vormittag tauchte eine Armee aus Rennschlitten, allesamt mit brennenden Scheinwerfern, auf dem schmalen Grat am anderen Ende der Bucht auf. Fast hätte man meinen können, ein Kommandostab bewege sich geradewegs auf uns zu. Mit ohrenbetäubendem Lärm, eines Formel-Eins-Rennens würdig, fuhren sie in Formation in rund fünfzig Metern Entfernung an uns vorbei, einige winkten uns zu. Als sie am äußersten Ende der Halbinsel vor uns angekommen waren, stellten sie ihre Fahrzeuge in Reih und Glied neben der Hütte ab. Da unsere Blicke dem Geschwader gefolgt waren, hatten wir nicht bemerkt, dass ein Fahrer zurückgeblieben und auf das Schiff zugesteuert war. Es war Björn.

»Guten Tag, wie ist es euch ergangen?«, fragte er, grinsend wie eh und je.

»Sehr gut. Ihr seid heute ja recht zahlreich.«

»Ja, auf die erste Tour freuen sich immer alle. Wir wollen die Hütte ein bisschen umbauen, und bei dem schönen Wetter sind alle Freunde mitgefahren. Ich komme später nochmal vorbei.«

Wir saßen gerade beim Mittagessen, als die Horde mit einem Lärm, der im Schiffsrumpf widerhallte, ihre Pferdestärken wieder auf Hochtouren brachte.

»Wetten, dass sie in einer Reihe starten?«, rief Rick, ein großer Rennsportfan, und ging hinaus auf die Brücke.

Auf dem Rückweg nahm er mehrere Stufen auf einmal.

»Seht euch das mal an, das glaubt ihr mir nicht. Sie fahren alle in Formation auf uns zu, einer dicht neben dem anderen, und jetzt ratet mal, was sie hinter sich herziehen: die Hütte!«

Das hätten wir uns im Traum nicht einfallen lassen. Hinter einer Wolke von Auspuffgasen wechselte die Hütte den Standort. Trotz ihres Gewichts erfolgte der Transport mit geradezu erstaunlicher Leichtigkeit. Die Konstruktion ruhte auf zwei großen, glatt geschliffenen Baumstämmen, die wie Schlitten über das Eis glitten. Wir waren sprachlos angesichts dieses Spektakels und konsterniert von der wüsten Aufgeregtheit dieser Hüttendiebe auf ihren wild gewordenen Scootern. Ohnmächtig standen wir da und sahen, wie der Unterschlupf, in den wir uns dann und wann zurückgezogen hatten, um vom Leben an Bord Urlaub zu machen, sich immer weiter entfernte. In der vertrauten Umgebung klaffte eine Wunde. Durch diesen Raub war die Halbinsel der beruhigenden Wirkung der Hütte beraubt. Jetzt stand nur noch der »meat tower«, das trostlose Gerüst, an dem die Robbenkadaver baumelten.

Innerhalb kürzester Zeit hatte die brummende Meute mühelos das obere Ende der Bucht umfahren und steuerte auf das Kap am unteren Ende des Meeresarmes zu. Hin und wieder hielten sie an und versammelten sich, sicherlich um sich über die weitere Vorgehensweise zu verständigen, und brachen dann in einem vom Schnee gedämpften Gedröhne wieder auf. An Tollkühnheit fehlte es ihnen nicht. Seitwärts fuhren sie in leicht abschüssigem Gelände bergan, um die Hütte, die gelegentlich zum Meer hin abrutschte, wieder hochzuhieven. Am Ende der Landzunge dann blieben sie in einem lang gezogenen Bogen stehen. Dort also würde die Hütte ein zweites Leben beginnen. Die Gründe für dieses Manöver blieben dunkel. Mit einigem Unbehagen fragten wir uns, ob sie unsere Anwesenheit hier nicht störte. Vielleicht würden wir eines Tages ja Genaueres erfahren.

Am darauf folgenden Morgen, als wir die Anhänger unserer Schneemobile beluden, erschien Björn in Begleitung eines uns unbekannten Mannes.

»Fahrt ihr weg?«

»Morgen machen wir eine Tour zu meereskundlichen Zwecken und sind ein paar Tage im Storfjord.«

»Darf ich vorstellen, Luis, ein hervorragender Trapper, ihm gehört die Hütte.«

»Tut mir Leid wegen dem Krach und dem Dreck«, sagte Luis mit spürbarer Verlegenheit, »aber ich wollte die Hütte unbedingt dieses Jahr noch umstellen.«

Der Mann sah nicht sehr vertrauenerweckend aus, eine zerbrechliche Gestalt, das Gesicht unschön, knorrig und von dicken Brillengläsern verstellt. Er sprach mit kaum hörbarer Stimme.

»Ich muss es euch erklären. Die Halbinsel wird Jahr um Jahr abgetragen, wegen der starken Strömung in der Rinne. Also wollte ich meine Hütte lieber in Sicherheit bringen, bevor sie eines Tages im Wasser stehen würde. Dieser Streifen Land hat sich Anfang des Jahrhunderts gebildet, als der Gletscher hier oberhalb gewandert ist. Deshalb ist er auch nicht stabil und wird eines Tages wieder verschwinden.

»Was meinst du mit wandern?«

Luis mühte sich mit den Begriffen und lieferte dann folgende Erklärung:

»Alle Gletscher bewegen sich immer weiter vorwärts, im Sommer bis zu einem Meter pro Tag. Etwa einmal pro Jahrhundert kommt es jedoch auch vor, dass die gesamte Gletschermasse sich löst und mit Wucht auf einen Schlag vorrückt. In dem Fall drückt die Gletscherfront wie ein Bulldozer Erde und Steine weg, die sie mit sich führt. So wird aus dem Streifen Land, den der Gletscher aufgehäuft hat und der sich immer weiter zurückzieht, im Laufe der Jahre ein richtiger Deich. Auch diese Landzunge ist so entstanden. Wenn ihr in den Storfjord geht, werdet ihr den Nergribreen sehen, der 1935 gewandert ist, die Gletscherfront hat sich um zwölf Kilometer pro Jahr verschoben, das ist eine Tatsache!«

Luis war überzeugend in seinen Ausführungen, und wir fühlten uns erleichtert, die wir von falschen Annahmen ausgegangen waren.

»Utwig will nach wie vor das Frühjahr hier verbringen?«, erkundigte sich Denis, der Utwig sehr sympathisch gefunden hatte.

»Ja«, erwiderte Björn, »morgen hole ich ihn in Longyearbyen ab.«

Eine Woche später, als wir von unserem Abstecher an die Ostküste zurückkehrten, machten wir vor der Hütte Halt. Im selben Moment trat Utwig lächelnd auf die Türschwelle, von Kopf bis Fuß im Schneemobildress.

»Ich mache eine Tour auf die andere Seite des Fjordes, mal sehen, ob da nicht Eisbärenspuren im Bellsund sind«, sagte er. »Das Eis bricht dort viel früher, und die Bären beginnen dort ihre Robbenjagdsaison. Kommt doch morgen wieder, wenn ihr Lust habt.«

Am darauf folgenden Tag brach ich recht früh auf, um ihn zu besuchen. Ich wollte mehr über das Leben dieses alten Abenteurers wissen. Er empfing mich mit breitem Lächeln. Die behagliche Wärme des Holzofens in der Hütte war ein schöner Kontrast zur windigen Kälte dieses grauen Tages. Alles war bestens eingeräumt, seine Gesellschaft sehr angenehm, ruhig und wohltuend. Wir tranken eine Tasse Kaffee, zubereitet wie üblich als heißer Harntreiber, den man den ganzen Tag über trinken kann, ohne davon aufgeputscht zu werden. Utwig hatte ein altes Foto an die Wand geheftet, das ein in warmen Breiten vor Anker liegendes Boot abbildete. Ein Mann mit nacktem Oberkörper las auf der Kommandobrücke Zeitung.

»Das bin ich«, erläuterte er ein wenig verlegen. »Schon lange her. Das war auf den Cook-Inseln.«

»Ist das dein Boot?«

»Ja, ein kleines norwegisches Holzboot, mit dem ich fünf Jahre lang um die Welt gesegelt bin. Ich brauche nur dies eine Foto, und schon bin ich wieder stundenlang unterwegs. Ich trage es oft bei mir, es erinnert mich an gute Zeiten. Eine Kleinigkeit genügt, und ich bin wieder mittendrin, ich spüre sogar die Wärme der Sonne, die Schiffsbewegungen am Ankerplatz, und habe die Tiare-Pflanze und Kokosmilch in der Nase«, sagte er lächelnd.

»Sehnst du dich nach der Zeit zurück?«

»Nein, weil ich sie voll ausgekostet habe, aber heute, mit zweiundsiebzig, macht es mir Freude, mich wieder in diese Zeit zurückzuversetzen. Dazu sind Erinnerungen da.«

Wehmut ist die süße Traurigkeit, die sich durch die Erinnerung an gute Zeiten nährt, überlagert von den Jahren danach.

Utwig war ein ängstlicher, kontemplativer Zeitgenosse. Er war tagsüber nicht großartig beschäftigt, außer mit sich selbst, was ihn komplett in Beschlag nahm. Nach einer Stunde begriff ich, dass meine Anwesenheit ihn anstrengte und ihm zu viel Aufmerksamkeit abverlangte. Eine Art

Gleichklang zwischen uns, der gerade spürbar wurde, reichte nicht aus, um die Redepausen zu füllen. Es war Zeit zu gehen, aber eine Frage, die mich nicht mehr losließ, musste er mir noch beantworten:

»Habt ihr die Hütte wegen uns umgestellt?«

»Nein, Luis hatte die Idee. Ein Forscher von der Universität hat ihm gesagt, dass der Gletscher jetzt in eine kritische Phase eintritt und jeden Moment wandern könnte. Also hat er alle alarmiert.«

»Gefällt dir diese neue Kulisse?«

»Ich mochte den anderen Ort sehr gern... Komm in einer Woche wieder, ich brauche eine bisschen Zeit für meine Vorbereitungen.«

Am 4. April morgens hielt der Frühling mit großem Glanz Einzug, und am späten Vormittag tauchte ich ab, um zu erfahren, wie es Utwig ging. Ganz offensichtlich störte mein Besuch ihn. Er winkte mich herein und gebot mir, mich ruhig zu verhalten. Mit großer Verlegenheit spürte ich, wie brutal ich in seine Privatsphäre eingedrungen war.

»Setz dich auf den Hocker und rühr dich nicht«, sagte er leise.

Utwig blickte stehend aus dem kleinen, geöffneten Fenster. Er war äußerst konzentriert, und der eisige Luftzug, der vom Fjord her kam, schien ihm nichts anzuhaben. Ich dachte mir, dass ein Tier hier umherstreifen würde und ich es vertrieben hätte. Nach zweiminütiger Stille tauchte ohne jede Vorwarnung ein großer, weißer Kopf am Fenster auf:

ein Eisbär! Voll aufgerichtet stand der gefürchtete Fleischfresser dort hinter der Wand, die mächtigen Pranken an den Fensterrahmen geklammert. Ich war versteinert vor Erstaunen und Schrecken und hatte Mühe, mich ruhig zu verhalten. Utwig, auf Augenhöhe mit dem Raubtier, rührte sich nicht vom Fleck. Mit seiner schwarzen Schnauze beschrieb das Tier Kreise und Achter vor dem weißen Bart des weisen alten Mannes. Sein schelmischer, ergreifender Blick sagte viel aus über seine gierigen Absichten. In diesem überwältigenden Augenblick streckte Utwig ihm langsam einen Löffel mit Marmelade hin und raunte ihm liebevolle Worte zu. Der Bär senkte den Kopf und schleckte den Löffel mit ungeheurer Umsicht seelenruhig ab. Mir pochte das Herz in der Brust. Utwig sah das Tier zärtlich an, ein Blick, der aus dem Herzen kommt, aus jenem Teil in uns, der nur reine Gefühle in sich birgt und nicht trügt. Der Bär spürte das. Utwig servierte ihm noch einen Löffel und sprach ein paar Worte Norwegisch, die das Tier verstand. Dann verschwand es, und Utwig machte das Fenster wieder zu.

Sonne drang in die ruhige Hütte. Der alte Mann war woanders, seine Augen strahlten, berührt von der Gnade eines unschuldigen Glücks. Soeben hatte er das Kind geweckt, das irgendwo in dem verknöcherten Körper einen geborgenen Platz hatte.

Auf der Suche
nach dem Tiefseewasser

Mit den Schneemobilen waren wir unterwegs zur Ostküste, auf der Suche nach dem Tiefseewasser, als das schlechte Wetter uns überraschte. Unter äußerster Anstrengung gelang Rick eine ausgezeichnete Streckenführung, mit der Hütte am Storfjord als Endpunkt. Bei schönem Wetter hätten wir Spitzbergen auf dieser Breite, auch mit der schweren Last, die wir hinter unseren Scootern herzogen, innerhalb von drei Stunden durchquert. Auf dieser ermüdenden und vor allem im Gebirgsteil sehr anspruchsvollen Strecke hatten wir acht Stunden gebraucht. Es hätte auch schlecht ausgehen können. Selbst bei guter Sicht ist der Sattel, der die Zufahrt zur Küste ermöglicht, auf diesem leicht abschüssigen Hang nicht leicht zu entdecken. Rick und Denis, die den Weg mehrmals hinter sich gebracht hatten, um am Storfjord Ausrüstung zu deponieren, hatten die Strecke mit neonroten Fähnchen gekennzeichnet. Aber heute waren weder Himmel noch Erde zu unterscheiden, in Schnee und Sturm gingen sie ineinander über. Man konnte rein gar nichts erkennen. Unsere vier Schneemobile mussten auf Tuchfühlung hintereinander herfahren, um sich nicht aus den Augen zu verlieren. Es war eine kräftezehrende Fahrerei, immer die schemenhaften, im Dunst hängenden Formen im Visier. Rick, der den Konvoi im Sturm anführte, hielt oft an, um sich zu orientieren. Nur das GPS ermöglichte diese blinde Navigation, soweit die Genauigkeit der Karte es zuließ. Wir durften vor allem keinen Fehler machen, ein Irrtum um fünfzig Meter hin oder her würde unweigerlich in den Abgrund führen. Rick hielt erneut an und kam auf mich zu, der ich am Ende der Karawane fuhr.

»Wir sind nicht mehr weit weg vom Sattel«, schrie er durch den heulenden Wind. »Ich hole das Seil und sehe mich da vorne mal um.«

Kaum hatte er ein paar Schritte gemacht, war seine Silhouette plötzlich verschwunden. In dem Augenblick hatte ich das entsetzliche Gefühl, dass wir zu unvorsichtig gewesen waren. Das Seil rollte sich endlos ab, bis es sich spannte. Denis näherte sich dem Rand und klammerte sich daran fest. Der Felsvorsprung war eingestürzt. Denis stieg ein paar Meter hinab und entdeckte Rick rund zehn Meter weiter unterhalb.

»Rick! Rick! Alles in Ordnung?«

»Ja, ja. Wir sind am Sattel. Ich habe gerade eine Markierung gefunden.«

Uff! Wir waren beruhigt, wir mussten nur den Schnee beiseite räumen, der sich aufgetürmt hatte, und kämen durch. Rick war sehr erleichtert, dass er das Tor zur Durchfahrt gefunden hatte, und riet uns, bevor wir uns in die Schlucht begaben:

»Es geht wirklich steil bergab, aber es ist kein Problem, wenn ihr gerade in der Achse bleibt.«

Wir folgten ihm bei diesem gefahrvollen Tauchgang mit unseren Maschinen, die von den schwer beladenen Schlitten zusätzlichen Schub erhielten. Unten auf dem Gletscher, der zum Meer führte, ging kein Wind, aber der Nebel sorgte dafür, dass die Anspannung auf dieser Wegstrecke voller Spalten erhalten blieb. Kurz vor Mitternacht war die Hütte endlich in Sicht, wie ein Leuchtturm im Nebel bei der Einfahrt in den Hafen! Wir waren erschöpft. Feuer machen, Schnee schmelzen, einen Schluck »Bolino« trinken, alles ging sehr rasch, und jeder suchte sich einen Platz für seinen Schlafsack.

Im Morgengrauen, die anderen schliefen noch tief und fest, stand ich auf, um meinen Bewegungsapparat in Schwung zu bringen. Sich aus der Wärme der Nacht schälen ist das Allerschlimmste, umso mehr als unsere acht Körper, die sich in den kleinen Unterschlupf gezwängt hatten, die Temperatur keineswegs angehoben hatten: Es waren minus 22 Grad. Durch den Reif auf dem Fenster brach sich fahles Morgenlicht und fiel auf unser ganzes Elend: schmutziges Kochgeschirr, aufgerissene Instant-Suppentüten, in Orangenschalen gedrückte Zigarettenstummel, leere Bierflaschen, ein gefrorener Bodensatz aus Nudeln mit Tomatensauce in einem von der Flamme verrußten Topf... Ganz zu schweigen von dem Geruch, den man jedoch schon gar nicht mehr wahrnimmt, wenn man selbst dazu beiträgt.

Ich begann den Tag mit dem klassischen Ritual des Polarreisenden: gucken, wie das Wetter ist, pinkeln und einen Topf mit Schnee füllen und auf die Flamme stellen für das Kaffeewasser. Draußen lag die eisige, regungslose Luft schwer auf den Schultern. Auch bei sehr niedrigen Temperaturen ist die drückende Feuchtigkeit des Meeres noch durch das Packeis hindurch zu spüren. Der Himmel, düster wie Stahlblech, ließ für den Tag nichts Gutes erahnen. Ich hatte kaum begonnen, meine Blase zu erleichtern, als rund zehn Meter von der Hütte entfernt ein Eisbär auftauchte. Sein Auftritt wirkte in dem Moment so irreal, dass mein noch benommenes Hirn keinerlei Alarmbotschaften parat hatte. Wie in einem Märchen genoss ich in aller Unschuld die unmittelbare Anwesenheit des Raubtiers, ohne das Wasserlassen einzustellen. Ob es damit zu tun hatte, dass ich mein Territorium absteckte? Der Bär jedenfalls schnupperte in meine Richtung und hielt inne. In dem Moment kam Francis heraus, um demselben Bedürfnis nachzugehen wie ich. Da er vollauf damit beschäftigt war, sich einen Zugang durch drei Lagen Hosenschlitze zu verschaffen, hatte er nichts bemerkt.

»Hast du unseren Besucher da rechts gesehen?«

»Ach du lieber Gott!«

Er eilte ins Haus und war – Reflex des Fotografen – mit seinem Apparat gleich wieder zur Stelle.

In der Hütte hatte die Nachricht die Runde gemacht, und der Holzboden hallte vom dumpfen Gedonner der Schuhe wider. Angesichts dieses Aufruhrs ging der Bär auf Abstand, schnappte sich noch eine Schneeschaufel und begann dann seine kleine Einlage. Als er die Pranke aufs Schaufelblech setzte und der Stiel hochschnellte, amüsierte ihn das sehr. Als er noch fester zutrat und die Schaufel durch die Luft flog, schien ihm das noch besser zu gefallen, bis der Stiel irgendwann heftig gegen seinen Schädel prallte. Wutentbrannt packte er die Gerätschaft und wirbelte sie in seinem Maul quer durch die Luft, um sich abzureagieren. Schließlich hörte er auf. Denis gab zwei Luftschüsse ab, und es kehrte wieder Ruhe ein. Die tiefen Spuren der Fangzähne im Holz des Schaufelstiels, die der Fleischfresser hinterließ, zeugten von seiner gefürchteten Bisskraft.

Nach zweistündigen Vorbereitungen zog die aus vier Schneemobilen bestehende Karawane ihre Spur durch das Packeis am Storfjord. Wir suchten eine geeignete Stelle, die Professor Claude, der sich zu diesen Messungen eigens zu uns gesellte, zuvor bestimmt hatte. Es galt, im Lot einer hundertzwanzig Meter tiefen Senke bis zum Meeresgrund vorzustoßen, wo sich der Annahme nach das Wasser mit der größten Dichte sammeln musste. Es war ein fast undurchdringliches Chaos aus Eiswänden, Verwerfungen und bruchanfälligen Platten, die uns zeitweise zwangen, uns mit Hilfe von Hacke und Stoßbohrer wieder einen Weg heraus aus den Sackgassen dieses Labyrinths zu bahnen. Wir richteten uns nach der Seekarte und dem GPS, das in einer Brusttasche schön warm gehalten wurde. Nach zwei Stunden gefahrvoller Navigation erreichten wir die Stelle endlich, genau den Ort, an dem wir Ende Oktober beinahe vom Packeis eingeschlossen worden wären.

Professor Claude bestimmte die Einstichstelle, und Denis begann, das Eis mit einer Motorsäge aufzuschneiden. Das Blatt war zu kurz, um damit bis zum Meer vorzudringen, das Eis musste in mehrere Blöcke zerteilt werden. Beim Aussägen der zweiten Schicht schoss das Wasser durch den Schnitt. Das Packeis war fast einen Meter dick. Nachdem wir die an der Oberfläche schwimmenden Eisblöcke beseitigt hatten, stellten wir ein Stativ auf, an das senkrecht zum Loch eine Drehscheibe gehängt wurde. Der Versuch konnte beginnen. Es war auch Zeit, sich wieder zu rühren, denn ohne Bewegung kühlten wir sehr schnell aus. Dominique holte die Präzisionssonde aus ihrer Schatulle, die er mit heißen Wärmflaschen klimatisiert hatte. Sie war konzipiert für Temperaturen um den Gefrierpunkt des Meereswassers, der infolge des Salzgehalts bei etwa minus zwei Grad liegt, nicht aber für die herrschenden minus siebenundzwanzig Grad. Wir ließen die Sonde sofort in das schwarze Loch hinunter und zählten die Markierungen, die alle zehn Meter an der Schnur angebracht waren.

Bei Markierung Nummer zehn gab Dominique ein Zeichen, die Schnur nun langsamer abzuspulen, und prüfte mit seinem norwegischen Fischerhandschuh äußerst vorsichtig die Spannung des Seils. Er wollte vermeiden, dass die Sensoren der Sonde im Schlamm am Grund versanken. Sobald keine Spannung mehr auf dem Seil war, ließ Dominique ein »Stop!« ertönen, das jedem Bären Angst eingejagt hätte. Er drehte sich zu den Männern an der Winde um und befahl dann kaum vernehmbar: »Jetzt wieder rauf.«

Als die Sonde auftauchte, legte er sein »Baby« wieder ins warme Nest. Professor Claude wirkte zufrieden, jetzt ging es nur noch darum, ob die automatische Datenspeicherung auch funktioniert hatte. Nach der physikalischen Ozeanographie war nun die Meeresbiologie an der Reihe – der gleiche Versuch, aber mit einem Planktonnetz anstelle der Tiefensonde. Jetzt war Lars gefragt. Er hatte leere Flaschen auf das Packeis gestellt, für Kopepoden und andere mikroskopisch kleine Tierchen, die er mit seinem Netz fangen wollte. Über jede Erwartung hinaus füllte er rund zehn Glasbehälter und äußerte mit breitem Grinsen, dass die Ernte gut sei, eine Vielfalt unvermuteten Lebens unter diesem lichtundurchlässigen Eisschild. Wir waren nicht unglücklich, als unsere beiden Wissenschaftler uns befriedigt eröffneten, ihr Tag sei damit beendet, und wir könnten nun wieder gehen. Die Wissenschaft in diesen Breiten ist ein ehrenwerter Grund zu leiden und sich angesichts des klopfenden Schmerzes in den blau angelaufenen Fingern in den Bart zu heulen. Marc und Bernard konnten also aufatmen und ihre Handschuhe wieder anziehen; unsere beiden schweigsamen Gefährten drehten eine Serie von Dokumentarfilmen über das Polargebiet. Auf dem Weg zurück in unseren alten Spuren brauchten wir nur eine halbe Stunde zu unserer Unterkunft.

Als wir die Hütte erreichten, durften wir feststellen, dass in unserer Abwesenheit ein Bär seinerseits die im Freien deponierte Reserveausrüstung durchforscht hatte. Alles lag überall verstreut, zum Glück war kein größerer Schaden zu beklagen, abgesehen von zwei Motorölkanistern, die seine Zähne durchbohrt hatten. Zum Glück hatten ihm der Geschmack und die klebrige Beschaffenheit dieses synthetischen Fettes nicht behagt. Bei dem Appetit, den er nun bei Winterende haben musste, hätte er bestimmt alles verspeist.

An jenem Abend ähnelte das Leben in der Hütte den Szenen, wie man sie von alten Bildern der Pioniere des Polarabenteuers kennt, eine von der Welt abgeschiedene Gruppe von Männern, in Freundschaft geeint durch die Bande eines harten Tages. Der Holzofen wärmte gut, und unsere Sachen trockneten langsam auf dem Rost und auf den Leinen, die unter der Decke gespannt waren. Manche ruhten sich auf ihren behelfsmäßigen Schlafplätzen aus, während die Forscher über das Ergebnis des Arbeitstages gebeugt waren. Es war durchaus paradox: Bei Kerzenlicht lud Professor Claude die Daten seiner elektronischen Sonde auf sein Laptop.

»Es hat funktioniert!«, erklärte er hoch zufrieden.

Auf dem Bildschirm zeigte sich die von der Unterwassersonde gespeicherte Kurve für Temperatur und Salzgehalt.

»Da gibt es eine deutliche Entwicklung gegenüber der Messung im Oktober«, sagte er und sah sich die Sache genauer an. »Man erkennt hier eine Verringerung der Zufuhr von ›warmem‹ Wasser aus dem Golfstrom und eine Schichtung kalten und sehr salzhaltigen Wassers am Grund.«

Der Professor war zufrieden, aber, ehrlich gesagt, konnte niemand von uns irgendetwas Spektakuläres, Nachvollziehbares oder Aufregendes entdecken, was dieses große Manöver im Storfjord gerechtfertigt hätte. Rick hatte eine etwas sarkastische Frage:

»Und was sage ich jetzt meiner Tochter, wenn sie mich fragt, wonach wir in dem Loch gesucht haben?«

Da begriff Professor Claude, dass er uns für den Anlass dieser Aktion erst noch gewinnen musste. Er drehte sich um und rief in herzlichem Tonfall aus:

»Es wird ein bisschen dauern, aber ich erkläre es Ihnen!«

Er begann mit sehr didaktischen Ausführungen.

»Der Motor der Klimamaschine ist die Sonne. Sie schafft ein thermisches Ungleichgewicht zwischen der Hitze in den Tropen und der Kälte an den Polen, ein Ungleichgewicht, das die Natur mit seinen beiden Kühlflüssigkeiten, Luft und Wasser, kompensiert.«

»Bis hierher ist die Sache klar«, sagte Francis.

»Gut, dann fahre ich fort. Die Atmosphäre und die Ozeane teilen sich zu gleichen Teilen den Abtransport überschüssiger Energien vom Äquator zum defizitären Polargebiet. Diese beiden Flüssigkeiten sorgen also für die Aufrechterhaltung des klimatischen Gleichgewichts, allerdings in zeitlich ganz unterschiedlichen Maßstäben. Die Atmosphäre hat nicht viel Speicherkapazitäten, dafür aber einen schnellen Umlauf, der auch für die wöchentlichen meteorologischen Verschiebungen verantwortlich ist. Dagegen besitzt das Meer eine große energetische Speicherkapazität, tausendmal größer als die der Atmosphäre, dafür aber einen langsamen Umlauf, der es zum langfristigen klimatischen Regulator des Planeten macht.«

Jetzt kam Licht in die Sache. Denis, seines Zeichens Mechaniker und Heizungsmonteur, stellte sofort die Parallele zum eigenen Metier her.

»Genau das ist der Unterschied zwischen einer Warmluftheizung und einer Warmwasserheizung, bei der das Wasser in den Heizkörpern zirkuliert. Die erste ist zwar schnell, liefert aber keine anhaltende Wärme, die zweite dagegen ist langsamer und gibt dafür über einen viel längeren Zeitraum Wärme ab.«

»So ist es«, sagte der Professor, den der Vergleich begeisterte.

Denis, der sich seinen Stand damit gesichert hatte, wagte sofort eine ebenso professionelle Anschlussfrage:

»Kann man dann sagen, dass wir in Spitzbergen am Ende des Wärmetauschers sind?«

»So ist es«, wiederholte der Spezialist des Polarmeeres, äußerst zufrieden mit seinem Schüler. »Sie haben alle beim Baden bemerkt, dass das Wasser an der Oberfläche immer wärmer ist. Das liegt zum einen daran, dass die Sonne es erwärmt, zum anderen aber ist es auch leichter als kaltes Wasser. Und hier sind wir an dem Ort, wo das ›warme‹ Oberflächenwasser, das über den Golfstrom vom Atlantik hierher gelangt, mit der arktischen Kälte in Berührung kommt. Wenn es sich abkühlt, wird es schwerer, sinkt ab und startet am Meeresgrund zu einer langen Reise. Das Wasser, das hier abtaucht, kommt nach sehr langer Zeit mitten im Indischen und im Südpazifischen Ozean wieder zum Vorschein. Dort erwärmt es sich wieder, durchquert den Atlantik und wird vom Golfstrom erneut hierher transportiert. Die Stabilität des Klimas beruht auf dieser gigantischen Zirkulation in den drei Weltmeeren, und diese lange Reise dauert fast tausend Jahre!«

Wunderbar. Soeben hatten wir die Klimamaschine verstanden, in dieser Hütte am Ende der Welt. Professor Claude, der das schmale Universum seiner Tausendstelmessungen verlassen hatte, erwies sich als passionierter naturgeschichtlicher Erzähler. Seine Vermittlung bot Gelegenheit für eine gemeinsame Erfahrung, und er war nicht mehr zu bremsen.

»Denis sagte ja vorhin, dass wir hier am Ende eines allerdings gigantischen Wärmetauschers sind: Siebzig Prozent der Wassermassen passieren Spitzbergen und Grönland, und das Absinken in kältere Wasserschichten muss man sich als monumentalen unterseeischen Wasserfall vorstellen, zweihundert Kilometer breit, zweitausend Meter hoch, die fünfundzwanzigfache Wassermenge des Amazonas!«

Es herrschte Stille, bis der Toningenieur Bernard, dem trotz Kopfhörern nichts entgangen war, eine Frage stellte.

»Dass das tiefe Wasser schwerer ist, verstehe ich ja, aber warum enthält es mehr Salz?«

»Das ist ein anderes Phänomen, das für die Meereszirkulation allerdings ebenso wichtig ist. Das Packeis ist eine Salzmaschine. Wenn das Meer gefriert, verwandelt sich das Wasser in Eis, und die Natriumkristalle konzentrieren sich in kleinen Blasen. Diese Salzblasen wandern nach und nach durch die gesamte Meereisschicht, gelangen in den Ozean und machen ihn salziger.«

Der Professor hielt inne, um sich zu vergewissern, dass wir ihm auch noch folgten; alle lauschten aufmerksam.

»Und damit, meine Herren, wären wir beim zweiten Motor für die Zirkulation der Ozeane: der Salzgehalt. Warum ist das so? Weil das übermäßig salzige Wasser Durst hat; es hat Durst nach Süßwasser, das es anzieht, um sein Gleichgewicht wiederherzustellen, was neue Strömungen verursacht. Das Phänomen der Übersalzung ist auch in warmen Meeren bekannt, zum Beispiel im Mittelmeer, oder in den Tropen, wo die Verdunstung des Wassers durch die Hitzeeinwirkung der Sonne eine höhere Salzkonzentration mit sich bringt.«

Jetzt reichte es, mehr Erklärungen, die wieder Verwirrung in die einfachen, einwandfrei verstandenen Sachverhalte brächten, durften nicht sein. Vielen Dank, Herr Professor! Die solcherart erklärten, komplexen Phänomene waren zugänglich, ja geradezu fesselnd, und wir beschlossen, diesen Tag der Aussöhnung mit der Wissenschaft mit einer guten Flasche Wein zu begießen.

Auch mit dem Glas in der Hand schien Professor Claude von den Erklärungen, die ihm durch den Kopf gingen, noch immer in Beschlag genommen, er hatte noch nicht abgeschaltet von dieser simplifizierenden Gedankenarbeit, die ihn durchaus Anstrengung gekostet hatte. So legte er zu seinem eigenen Vergnügen noch einmal nach:

»Alles in allem müssen Sie sich merken, dass die Meeresströmungen nicht nur auf den Wind an der Wasseroberfläche zurückgehen, sondern dass der Ozean dank dieses natürlichen Bestrebens zur Wiederherstellung des Gleichgewichts von Temperatur und Salzgehalt seine eigenen Motoren besitzt. Man nennt das die thermohaline Meereszirkulation.«

»Das war ein Wort zu viel, Herr Professor! Bleiben wir auf dem Teppich, nichts Griechisches zwischen uns!«, erklärte Rick, um einen freundlichen Schlusspunkt zu setzen.

Unsere Augen glänzten im Kerzenlicht. Die rotbraunen Gesichter hatten Kälte, Sonne und Wind gesehen, jenen Meereswind, der einen von der Welt isoliert, der der Gegenwart ihre ganze Kraft gibt und die beruhigende Gewissheit vermittelt, dass man mitten im Leben steht. Wir durchlebten den Traum aller Forscher, die sich aufmachen, die Welt zu entdecken.

Luis, der letzte Trapper

Der Vogel kreiste über mir, flog von einem Felsen zum anderen und verweilte auf dem steinernen Grund, den die Schneeschmelze freigelegt hatte. Er war ganz weiß, mit einem roten Fleck um die Augen, zweifellos ein Männchen. In diesen ersten Maitagen legt sich das Weibchen bereits seine fahlgelbe Sommerfarbe zu. Nachdem es den ganzen Winter über unter der Eiskruste nach ein paar trockenen Flechten gesucht hatte, ließ es sich die ersten frischen Frühlingsmoose schmecken. Das Schneehuhn ist der einzige Vogel in diesen Breiten, der auch den Winter über bleibt. Mit jedem Auffliegen kam er näher und trippelte mit seinem weißen Gefieder getarnt im Schnee auf mich zu. Dieses Tier gilt nicht als ängstlich, aber es nahm sich Zeit, um meine Absichten auf die Probe zu stellen. Gegen Winterende kann man sich hier nie sicher sein, dass man nicht einem ausgehungerten Fuchs in die Fänge geht. Ich hatte ihm nichts Großartiges anzubieten, außer ein paar Kekskrümel in meiner Anoraktasche. Ich warf sie ihm hin, wie man Weizen sät, und das Schneehuhn kam ganz nah heran. Beim ersten Picken schnellte es hoch wie eine Feder auf Füßen. Gespannt und unbeweglich sah es mir mit runden, lebhaften und forschenden Augen bis tief in mein Innerstes. War es Misstrauen oder Verachtung, aus Ärger darüber, sich von ein paar Krümeln gelockt haben zu lassen? Der Vogel zögerte, bevor er weiterpickte, und ich fragte mich, was diese interessierte Geste wohl für Folgen hätte. Was ging plötzlich in dem Körper dieses Tieres vor, das eine solche Nahrung entdeckte? Süßes kannte es nicht, es sei denn den süßen Geschmack der Kapseln des Steinbrech im Sommer. Aber meine Besorgnis wurde rasch ausgeräumt, als es plötzlich unaufhörlich weiterpickte. Es gab keinen Zweifel mehr, dieses Schneehuhn verschlang die *petits fours* mit großem Festtagsvergnügen. Auch ich ergötzte mich an der Szene, die sich zu meinen Füßen abspielte. Nachdem mir der Vogel so viel Vertrauen entgegenbrachte, war ich beruhigt und hatte auch im Nachhinein große Freude an dieser Begegnung in der Wildnis.

Als das Schneehuhn wieder fort war, verharrte ich noch ein paar Minuten, bevor ich zum Schiff zurückkehrte. Das blendende Licht, das an diesem Maimorgen auf den Schnee fiel, zwang mich, die Augen zuzukneifen, um etwas zu sehen. Durch den Schleier meiner Wimpern erahnte ich glitzernde Sterne am nachtblauen Frühhimmel. Zu dieser Jahreszeit dreht sich der Sonnenaufgang eine Ewigkeit um einen herum, da die Sonne nicht mehr untergeht. In der gedämpften Stille waren die warmen Strahlen, die auf meine dunkle Kleidung fielen, ein regelrechtes Verjüngungsbad. Wenn man die lange Nacht erlebt hat, wird einem klar, wie sehr wir von diesem Gestirn abhängen. Es ist der höchste Meister, Lebensstifter seit der Erschaffung der Welt. Wenn wir heute so sehr auf Sonne aus sind, liegt es möglicherweise daran, dass unser vom Stadtleben geprägtes Dasein uns von ihr und von der Weite des ländlichen und bäuerlichen Lebens unserer Vorfahren abgeschnitten hat.

Nach dieser Stunde polarer Meditation ging ich aufgemuntert bis in die kleinste Zelle zum Schiff zurück. Luis hatte sich über Funk gemeldet. Er wollte wissen, ob wir nicht ein paar Ballen Eiderentenflaum mitnehmen könnten, die er bei sich gelagert hatte. Er wohnte sehr entlegen am anderen Ende des Fjords. Wir hatten ausreichend Platz im Laderaum, es war überhaupt kein Problem. Ich war heilfroh, dass er uns darum bat, das brachte uns ihm näher, ohne dass wir fürchten mussten, ihn zu belästigen. Alle Besucher hatten uns von Luis berichtet, dem unübertroffenen Trapper und genialen Bastler, und von seinem Haus, das er sich im Süden von Akseloya gebaut hatte. Allerdings war Luis, der sich für die Wildnis entschieden hatte, unberechenbar. Es war unbedingt vorzuziehen, dass er einen auch wirklich empfangen wollte. Sein Blitzbesuch bei uns, nachdem seine Hütte umgestellt worden war, hatte nicht hinreichend Gelegenheit geboten, nachbarschaftliche Bande zu knüpfen. Ich glaube sogar, dass er diese eher fürchtete, was wir respektiert hatten.

»Luis, Luis, hier *Antarctica*, kannst du mich hören?«

Nichts, Funkstille trotz dreimaligen Versuchs.

Am Kartentisch sahen wir uns die Details der Route an,

die zu ihm führte. Er wohnte in zehn Kilometern Luftlinie entfernt, im Süden der Insel Akseløya. Dieses lang gezogene strichartige Eiland quer über den Van Mijenfjord bietet nur zwei Zugänge, an denen die Gezeitenströmungen sehr stark sind: Die Norddurchfahrt ganz in der Nähe der Stelle, an der wir überwinterten, und die Süddurchfahrt nahe Luis' Haus. Fünf Minuten später meldete er sich.

»*Antarctica*, bitte kommen, hier Luis, kannst du mich hören?«

»Ja, Luis, sehr gut.«

»Tut mir Leid, ich habe euren Funkspruch gehört, aber ich war gerade draußen und habe eine Robbe abgezogen, und ich wollte fertig sein, bevor sie gefriert.«

Klar, draußen herrschten minus vier Grad. Wir saßen im T-Shirt unter unserem Kuppeldach auf der Brücke, wo wir natürlich keinen Gedanken an die Außentemperatur verschwendeten. Zudem erschien uns der schon fortgeschrittene Frühling nach der Kälte des Winters äußerst mild.

»Man hat mir deinen Funkspruch übermittelt, Luis. Wir können deine Flaumballen ohne weiteres nach Longyearbyen bringen. Wie viel Platz nehmen sie denn ein?«

»Danke, danke. Ich weiß nicht, wie viel Platz. Ihr nehmt einfach so viel mit, wie ihr könnt. Kommt einfach vorbei, wenn ihr Zeit habt, dann zeige ich sie euch. Ich habe auch sonst noch ein paar Kleinigkeiten zu transportieren.«

»Das Wetter sieht ziemlich stabil aus, Luis, warum nicht gleich heute?«

»Okay, okay. Ich erwarte euch am frühen Nachmittag.«

Wir hatten kein bestimmtes Programm, und dieser Ausflug war genau das Richtige für diesen sonnigen Tag. Jean beschloss, mich zu begleiten.

»Luis an *Antarctica*, kannst du mich hören?«

Ich befürchtete sofort, ein plötzlicher Stimmungsumschwung habe ihn bewogen, es sich noch einmal anders zu überlegen.

»Ja, Luis.«

»Zu wie vielen kommt ihr?«

»Wir werden zu zweit sein.«

»Okay. Ich wollte euch sagen, dass ihr nicht auf direktem Wege kommen sollt, sondern im großen Bogen in den Fjord hineinfahrt, dann biegt ihr in meine Richtung ab und haltet euch in etwa zwei Kilometer von der Südküste weg. Das Eis arbeitet ziemlich rund um Akseløya, und an der Durchfahrt ist es sehr brüchig.«

»Danke für den Tipp, Luis. Bis nachher.«

»Luis an *Antarctica*, entschuldigt, aber ich habe noch einen Rat: Vergesst eure Gewehre nicht, hier sind Bären unterwegs.«

Es war nicht nötig, darauf hinzuweisen, seit sechs Monaten lebten wir bewaffnet. Das geschulterte Gewehr war mittlerweile eine ganz natürliche Sache, auch wenn noch niemand von einem Bären bedroht worden war.

Das Packeis war flach wie ein zugefrorener See, gut befahrbar mit unseren Schneemobilen. So weit das Auge reichte, sah man braune Flecken über den ganzen Fjord verteilt; es waren Ringelrobben, die Siesta hielten. Um sie in diesem genussvollen Moment nicht zu stören, schlängelten wir uns jeweils in einiger Entfernung um die sonnenermatteten Körper. Die Tiere schien es nicht weiter zu stören, dass wir an ihnen vorbeifuhren. Ein paar von ihnen hoben gerade mal den Kopf, um uns zu bedeuten, dass sie ärgerlicherweise mitten im Traum gestört worden waren. Wenn wir anhielten, wurden die Tiere in der Nähe unsicher, krümmten den Körper und tasteten die ganze Luft mit ihren feuchten Augen ab, um die Gefahr abzuschätzen. Wenn wir dann den Motor abstellten, setzte die schwere Masse sofort zu eiligen Kriechbewegungen an, ließ sich in ein Loch gleiten und war weg. Trotz geduldigen Wartens sahen wir sie nie an derselben Öffnung wieder an die Oberfläche kommen. Robben sind auf Zack. In ihrem Pool sind gleich mehrere Löcher, damit sie den Räubern entwischen können. Die Strategie von Bären und Eskimos kennen sie seit Jahrtausenden: mit der Umgebung verschmelzen und warten, bis alle Welt einen vergessen hat. Und den gehetzten Menschen hatten sie längst durchschaut: Er kommt auf seinem Schneescooter angerast und gibt mit Hilfe des Zielfernrohrs von weitem seinen tödlichen Schuss ab. Ich war erstaunt, wie schnell die Robben es gelernt hatten, diesen hektischen, Feuer spuckenden Hummeln, die erst vor einigen Jahrzehnten von einem anderen Stern gekommen waren, zu misstrauen.

Riesige, unter dem Druck des Packeises aufgetürmte Eisplatten an der Steinküste schützten die Insel wie Festungsmauern. Es war nicht leicht, diese hintereinander geschichteten, betonharten, scharfkantigen Grate, auf denen die

Raupenketten unserer Schneescooter nur schwer Halt fanden, zu überqueren.

Erst ganz zuletzt tauchte das Haus von Luis auf, ein schöner Holzbau, den die trockene Kälte sowie Licht und Wind mit silbergrauer Patina überzogen hatten. Da niemand zu Hause zu sein schien, setzten wir uns auf eine kleine Bank in die Sonne. Der Schnee schluckte alle Geräusche, und nach zwei Stunden Motorenlärm pfropfte die Stille unser Trommelfell zu. Richtung Meer, im Bellsund, schien das Eis noch sehr kompakt zu sein, selbst wenn eine leichte, von Westen kommende Brise darauf deutete, dass das Meer bald wieder eisfrei wäre: Es roch nach Plankton. Zum ersten Mal lag in der kalten, frischen Luft etwas zum Einatmen. Dieser Geruch nach Grün hängte sich in die Nasenflügel wie der nach dem ersten Rasenmähen im Frühling. Er kündete von neuem Leben nach dem Winter.

Plötzlich tauchte Luis geräuschlos auf der Türschwelle auf. Er hatte es nicht sehr eilig gehabt, uns zu begrüßen. Vielleicht hatte er erst seinen Mittagsschlaf beendet? Er ließ uns eintreten und bat uns, im Gang zwischen den beiden Türen die Schuhe auszuziehen. In seiner sehr gut ausgestatteten Werkstatt im Erdgeschoss war er gerade dabei, einen Außenbordmotor zusammenzubauen.

»Leute aus Longyearbyen haben ihn mir geschenkt. Er ist ins Meerwasser gefallen, und sie haben ihn nie wieder zum Laufen gekriegt. Ich habe jedes Einzelteil gereinigt, und jetzt dreht er sich wieder, als wäre er neu.«

In unseren Wohlstandsländern ist Zeit viel teurer als Material, und die Zeit, die Luis in die Dinge investierte, war sein höchstes Gut. Am Fuß der Treppe grummelte ein Holzofen leise vor sich hin: Er heizte das gesamte Haus. Die Etage darüber bestand aus einem einzigen Raum mit großen Fenstern auf allen vier Seiten. Alles war sehr sorgfältig gebaut und aus massivem Holz gefertigt. Luis servierte uns Kaffee am Tisch in der Mitte des Zimmers. Von diesem Raum wenige Meter über Bodenhöhe hatte man einen Blick bis weit auf das Meer hinaus, über den Fjord und die Berge. Ich fühlte mich im Paradies. Luis zeigte auf den Fuß der Felswand und sagte, ruhig und ohne mit der Wimper zu zucken:

»Da ist ein Bär, auf der anderen Seite der Rinne.«

Er hatte ein wachsames Auge, der gute Kerl, hinter seiner drahtgeflickten Brille.

»Ihr seht den grauen Schnee an der Wand, er ist feucht, denn das Packeis ist gebrochen. Es gibt einen mächtigen Strom in der Rinne, und der Eisgang beginnt immer dort. Das wissen die Bären auch, und seit einigen Tagen kommen sie immer wieder und warten auf die ersten Robben im eisfreien Wasser.«

Man muss hier gelebt haben, um zu begreifen, dass das Leben in der Arktis Geduldssache ist und das Gleichgewicht hier auf der Wahrung der Langsamkeit beruht. Luis hatte sich für den Rhythmus von Bären, Robben und Füchsen, Rentieren und Vögeln entschieden. Das war sein Leben, und auch sein Auskommen, er betrieb in mäßigem Umfang Handel mit Fellen und Eiderentenflaum. Ursprünglich kam er aus Tromsö, der Hafenstadt im Norden Norwegens, wo er schon in der Schulzeit Mechanik gelernt hatte. Nach zehn Jahren als Fischer hatte er sich in Spitzbergen niedergelassen, zuerst als Mechaniker, bevor er sich nach und nach in seinem Eremitendasein einrichtete. Er begann, uns Geschichten zu erzählen, von Spuren und Fallen, von Fuchsfallgruben im Wintermond, von allen Tieren, die sein Leben ausmachten.

»Vor drei Jahren, im Herbst, habe ich einen Bären entdeckt, der sich jeden Tag am Fuß des Berges in einer kleinen Höhle unterm Fels schlafen legte. Es war ein Weibchen, das einen Ort suchte, wo es seine Jungen bekommen konnte. Eines Tages war es mit dem ersten Herbstschnee verschwunden. Dann, als der Winter vorbei war, genau gesagt am 18. März, kam es mit seinen beiden kleinen Bären aus seinem Schlupfloch hervor. Ich habe gesehen, wie die beiden Jungen groß geworden sind. Sie kamen fast jeden Abend bis vor mein Haus und spielten mit allem, was sie gerade fanden. Es sah so aus, als würde die Mutter sie hier in die Krippe bringen, während sie sich neben den Holzstapel legte und sich ausruhte.

»Sie hat dich nie bedroht?«

»Nein, sie hielt sich immer im Hintergrund. Ich habe sie ein bisschen aus dem Augenwinkel heraus beobachtet, aber meistens hatte sie die Augen geschlossen, ganz friedlich und vertrauensvoll...«

Luis hielt inne, er war mit einem Mal gerührt, und um diesen bewegten Moment zu verbergen, stand er unvermittelt auf.

»Los, kommt, ich zeige euch die Flaumballen.«

Er ging mit uns zu einer Hütte, rund zwanzig Meter vom Haus entfernt, die nach Art der Schäferhütten aus flachen, übereinander geschichteten Steinen errichtet war.

»Das ist eine alte Unterkunft, ich habe sie restauriert. Es heißt, sie stammt aus dem 18. Jahrhundert, von den Pomoren vom Weißen Meer, den ersten russischen Walfängern.«

Luis musste den ganzen Vormittag damit zugebracht haben, den unter einer dicken Schneeschicht begrabenen Eingang freizuschaufeln.

»Da sind die acht Säcke. Man kann sie noch mehr zusammenstauen, wenn sie zu groß sind. Was meint ihr?«

»Überhaupt kein Problem, Luis. Aber wir können sie jetzt noch stehen lassen. Am einfachsten wäre es, wir würden sie nach dem Eisgang mit dem Schiff abholen. Dann müssten wir nicht mehrmals mit den Schneebobs hin- und herfahren.«

»Okay«, sagte er schlicht.

An der Decke der Hütte hing ein Bärenfell, das in einen Holzrahmen gespannt war. Als ich über das seidige Fell strich, sagte Luis mit düsterer Stimme:

»Das war die Mutter der beiden Kleinen.«

Lange blieb es still. Diese Wildtiere sind unberechenbar, und ihre übermächtige Stärke lässt sie von einem Moment zum anderen gefährlich werden.

»Hat sie dich angegriffen?«

»Nein. Sie ist von zwei Idioten abgeschossen worden, Touristen ohne jede Hemmung, sie waren im Sturmschritt angerückt und standen plötzlich vor der Tür. Die beiden Jungen bekamen es mit der Angst zu tun, und die Mutter hat reagiert. In ihrer Panik haben beide geschossen. Als ich rauskam, lag das Weibchen tot im Schnee. Sie haben nicht mal versucht, in die Luft zu schießen, um sie zu verjagen und sich dann in Sicherheit zu bringen. Es tat ihnen Leid, aber ich war vollkommen fertig. Ich habe ihnen gesagt, sie sollten sich wegscheren, sie hätten hier nichts mehr verloren.«

Wir spürten, dass ihn die schmerzlichen Erinnerungen, eine Mischung aus Wut und Trauer, überwältigten.

»Am Tag darauf meldete sich die Polizei per Funk, um sich nach den Einzelheiten zu erkundigen. Die beiden Touristen hatten Notwehr geltend gemacht, was ich bestätigt habe, und sie boten mir an, das Fell zu behalten ... Ich werde es nie verkaufen«, fügte er hinzu.

Wie nach einer Beerdigung wussten wir nicht recht, was wir sagen sollten, und gingen zum Haus zurück, um uns auf die Abfahrt vorzubereiten. Als ich mich anzog, ging mir die Szene nochmals durch den Kopf. Es war irgendwie nahe liegend, Luis seinen Hass zu nehmen und die beiden Touristen als ahnungslose Trottel in diesem Glaspalast zu bezeichnen. Aber was hätten wir an ihrer Stelle getan? Mir wurde klar, was für eine Bedrohung unser Eintauchen nach westlicher Manier für diese letzten Reservate der Wildnis war, in denen das Miteinander der Arten noch nach Gesetzen funktioniert, die sich über Jahrtausende langsamer Mutation entwickelt haben.

Bevor wir unsere Maschinen starteten, kam Luis auf uns zu. Er hatte uns noch etwas zu sagen.

»Wisst ihr, die beiden Bären waren einen Monat alt, als ihre Mutter starb. Sie sind hier in der Nähe vom Haus geblieben. Ich habe sie mit Trockenmilch und kleinen Stückchen Robbenfleisch gefüttert. Sie sind mir überallhin gefolgt, wie Hunde. Sie wurden sehr schnell groß und spielten weiter wie vorher auch. Und dann, eines Morgens im Juli, sind sie verschwunden, mit einem anderen Muttertier, einer Adoptivmutter… Ich weiß, dass sie noch in der Gegend sind. Passt auf, man weiß nicht, was ihnen von den Menschen im Gedächtnis ist.«

Mit diesen Worten drehte sich Luis auf dem Absatz um und hob nochmals die Hand zum Gruß. Mir war nicht wohl dabei, ihn in diesem traurigen Moment allein zu lassen, aber ich wusste auch, dass er wieder zu sich finden musste. Unsere Anwesenheit hatte ihn dazu verleitet, von sich zu reden, sich zu entblößen, die Vergangenheit wiederaufleben zu lassen, hinter seinem Schutzwall hervorzukommen.

»Danke für deine Gastfreundschaft, Luis. Bis bald.«

Es war Zeit für uns aufzubrechen.

Mitten in der Klimamaschine

Heute morgen hatte der Wärmetauscher gewissermaßen sämtliche Sicherungen rausgehauen. Ein eisiger Nordostwind meldete sich in diesem lebensfrohen Monat Mai zurück. Die vom Meer herrührende Feuchtigkeit erstarrte zu langen Eiszapfen, die von den Wanten herabhingen. Der Schnee, vom Wind herbeigeblasen, hatte alles unter sich begraben. Nach den Aufwallungen, die mehrere Schönwettertage mit sich gebracht hatten, lud der bleierne, graue Himmel erneut zur Selbstbesinnung ein. Schlagartig waren wir ins Kleine Eiszeitalter zurückversetzt – jene kalte Klimarache im Mittelalter, die auch den Maler Brueghel inspiriert hatte. Hier ist nichts je sicher, die Eisheiligen drohen auf jeder Kalenderseite. Der Schneefink weiß das sehr wohl, und doch ist er immer der Erste, der zur Familiengründung in diese nördlichen Gefilde zurückkehrt. Im stärksten Wind hatte der kleine schwarzweiße Sperling sich mit eingezogenem Kopf am Relingsdraht der Brücke festgeklammert, zitternd und die Augen geschlossen, wenn eine Bö ging. Bei seinem Anblick fröstelte es uns, am liebsten hätten wir ihn in der Hand gewärmt, aber er kam vor allem wegen der paar

Körner näher, die wir ihm hinstreuen. In diesem frostigen Nebel, der alles verschwimmen ließ, erkannte man kaum noch graue Umrisse in der Umgebung. Draußen hatte man nichts verloren. Nur Lars musste zu dem Eisloch, das er für seine wöchentliche Planktonentnahme konstant offen hielt. Und er kam seiner Aufgabe nach.

Nach jedem Unterwassergang spülte er sein Sieb mit Meerwasser, um die organische Substanz zu extrahieren. Zurück an Bord, verbrachte er Stunden vor dem Mikroskop, um seine Kopepoden-Ernte zu sortieren, millimetergroße Tierchen mit wenig wohlklingenden Namen, wie Ruderfußkrebs, deren Art jedoch, nimmt man alle Arten zusammen, die größte Masse an Lebewesen des Planeten darstellt. Diese Weltmeister der tierischen Biomasse gehören zum Plankton, was bedeutet, dass sie im Wasser schweben und mit den Strömungen umherziehen. Seit Beginn unserer Überwinterung verrichtete Lars Zöllnerdienste und verfolgte mit der Lupe die Wanderströme der »arktischen Kopepoden«, die den nördlichen Kaltwasserströmungen unterworfen sind, und »südlichen Kopepoden«, die vom warmen Wasser des Golfstroms mitgeführt werden. Die jeweilige Populationsdichte, die er beobachtete, entsprach der Wassermenge der Strömungen. Auf diese Weise kamen die Kopepoden als »Bioindikatoren« zum Einsatz, wohingegen Professor Claude auf physikalische Parameter zurückgriff – Temperatur und Salzgehalt –, um dieselben Strömungen zu bestimmen.

Wir veröffentlichten die Arbeiten in einem wöchentlichen Schiffstagebuch, das wir etlichen Schulklassen zukommen ließen. Diese Arbeit zwang unsere Wissenschaftler zu einer allgemeinverständlichen Darstellung. Jedermann weiß, dass man die Gesamtsicht aus den Augen verliert, je mehr man sich in ein Thema vertieft, und diese Problematik entging auch den Schülern nicht, mit denen wir korrespondierten. Regelmäßig stellten sie dieselbe pragmatische Frage: »Wozu dienen Ihre Forschungen, und gibt es am Nordpol noch etwas zu entdecken?«

Es wird immer etwas zu entdecken geben, aber man darf nicht mehr erwarten, dass die Wissenschaftler schwer beladen mit neuesten Funden von ihren Expeditionen zurückkehren. Einst brach man zur Entdeckung unbekannter Länder auf, die Naturforscher erstellten das Inventar der Arten und brachten entsprechende Exemplare mit, die in den Vitrinen der naturgeschichtlichen Museen ausgestellt wurden. Was sich mit der Zeit verändert hat, ist die wissenschaftliche Skala. Heutzutage sammeln Forscher Proben und Messdaten, die dann im Labor analysiert werden. Jede Information ist eine Etappe auf dem Weg zum Verständnis komplexerer Phänomene.

In dieser Zeit der Erderwärmung stimmen die Arbeiten von Meeresforschern, Biologen und Physikern in ihrer Einschätzung überein, dass die Ozeane eine eminent wichtige Rolle für das klimatische Gleichgewicht spielen. Von der Oberfläche bis zum Grund, dessen Ablagerungen Spuren des Klimas vergangener Zeiten enthalten, spüren die Wissenschaftler jedem lebendigen, anorganischen oder physikalischen Indikator nach, der Aufschluss über die Architektur des Baukastensystems Klima geben könnte, dieser schier endlos ineinandergreifenden Rädchen, die nur an einer einzigen Stelle variiert werden müssen, um Störungen im Gesamtsystem zu verursachen. Um wie viel Grad wird sich die Erde erwärmen? Und in welchem Zeitraum? Das ist die Frage, die sich alle stellen. Doch sind so viele Daten zu berücksichtigen, dass die Computer Mühe haben, die gelehrte Formel zum Klima aufzustellen, dieser Gleichung mit tausend Unbekannten, die die weltweiten Folgen menschlichen Tuns zutreffend auf einen Nenner bringen könnte. Währenddessen schmelzen die Polkappen ab, der Weltmeeresspiegel steigt, extreme Niederschläge setzen mittlere Breiten unter Wasser, Stürme wüten schlimmer als gewöhnlich – und man stellt sich weiterhin die Frage nach dem Anteil des Menschen an dieser Situation, deren Ausgang nicht vorhersehbar ist. Ist es wirklich ratsam, die Antwort abzuwarten, bevor man handelt? Mit der Klimaerwärmung verhält es sich ähnlich wie mit dem Fermatschen Prinzip, es ist eine Offenkundigkeit, deren Beweis die Mathematiker Jahrhunderte kostete. Derzeit sind sich die Experten bei wenigstens einem Schuldigen einig, dem Kohlendioxid, CO_2, der unangefochtenen Nummer eins, was die Verschlimmerung des Treibhauseffekts angeht. Paläoklimatologen zufolge war nie zuvor so viel davon in der Atmosphäre enthalten, und zwar aus einem ganz einfachen Grund: Innerhalb eines Jahrhunderts haben wir einen Großteil des Kohlenstoffs, den die Erde über Millionen von Jahren in Gas, Erdöl und Kohle gespeichert hatte, freigesetzt. Angesichts einer derart exzessiven Förderung reagieren die Biosphäre und die Meere mit einem wachsenden Appetit auf Kohlenstoff, aber ihre Aufnahmefähigkeit hat Grenzen. Derzeit leidet die Atmosphäre an einer Kohlendioxid-Unverträglichkeit, was eine Reduzierung der Emissionen zwingend erforderlich macht. Doch das ist nicht so leicht. Bei Kohlendioxid handelt es sich nicht um FCKW (Fluorchlorkohlenwasserstoff, ein für Kühlanlagen verwendetes Gas, das das Ozon in der oberen Polaratmosphäre zerstört), eine Randerscheinung der achtziger Jahre, die das Ozon in der Antarktis zerstört hat und der mit dem Montréal-Protokoll von 1996 sehr bald eine Aufenthaltsbeschränkung auferlegt wurde. CO_2 stammt aus der mächtigen Familie der Energie, der großen Antriebskraft für Weltwirtschaft und nationale Lebensstandards. Wenn man weiß, mit welcher Trägheit die Klimamaschine wieder ins Gleis kommt und welche Trägheit dem menschlichen Verhalten eigen ist, sind die ausbleibenden Entscheidungen als politische Unverantwortlichkeit zu werten. So seien also die Experten aufgefordert, die höchsten Stellen einhellig davon zu überzeugen, dass mit dem jetzigen CO_2-Gehalt die Alarmstufe erreicht ist; der Unterstützung der Weltbevölkerung dürfen sie sich bei diesem Schritt sicher sein. Die wirksame Reduzierung des Kohlendioxidausstoßes ist nicht nur eine wirtschaftliche Notwendigkeit. Sie fördert zudem intelligente Lösungen im Hinblick auf geeignetere Energieformen sowie eine bessere Nutzung erneuerbarer Energiequellen, auf die wir eines Tages angewiesen sein werden. Es ist eine Einladung, einem weltumspannenden Bürgersinn den Weg zu ebnen.

Als der Morgen graute, heulte der Wind nicht mehr, und die starre Kälte hüllte uns in Grabesstille. Die frostige Luft erinnerte uns an eine Wetterregel für das Leben im hohen Norden: »Der Mai macht, was er will.« Ich schaufelte gerade den Schnee von der Kommandobrücke, als sich drei Besucher auf Schneebobs näherten. Der Erste kam auf mich zu.

»Guten Tag, lassen Sie sich nicht stören, wir sind auf dem Weg zu Luis und haben einen Umweg gemacht, um uns das Schiff anzusehen.«

In seiner Scooterkombi hatte ich ihn nicht erkannt, aber sein Lächeln und seine Stimme ließen mich an den Mann von der Tagung in Longyearbyen denken.

»Sie sind doch der Eisbärenspezialist?«

Er horchte auf und sah mich durch beschlagene Brillengläser forschend an.

»Ja, einer davon«, gab er bescheiden zur Antwort, »und ich darf Ihnen meine beiden Studenten vorstellen.«

Er war wirklich überrascht, dass ich ihn erkannt hatte.

»Woher wissen Sie, dass ich mich mit Eisbären befasse?«

»Ich war letztes Jahr in Longyearbyen, als eines Ihrer Forschungsobjekte einen viel beachteten Auftritt in der Stadt hatte.«

Er war völlig verdutzt über diesen Zufall und brach dann in lautes Gelächter aus.

»Kommen Sie an Bord und wärmen Sie sich ein bisschen auf.«

Hans Krieg fragte sich, warum wir in diesem verlorenen Winkel der Erde überwinterten. Einige wenige Abenteurer haben hier in Spitzbergen allein oder mit Angehörigen an Bord ihrer Schiffe überwintert. Aber zu dieser Kategorie gehörten wir nicht. Die *Antarctica* gab Rätsel auf, sowohl wegen ihrer Größe als auch wegen ihres Aufbaus, der niemanden gleichgültig ließ. Ihre runden Formen aus nicht raffiniertem Metall und ihre beiden durchsichtigen Kuppeldächer der Brücke gaben ihr etwas von einem Raumschiff. Was mochte wohl in den Köpfen dieser Franzosen vorgehen? Ich begriff, dass man sich diese Frage in Longyearbyen häufig stellte.

»Wir sind hier, um das Schiff im Eis zu testen. Unser Ziel ist es, die Drift der *Fram* nachzuvollziehen. Aber bevor wir die *Antarctica* in dieses Abenteuer schicken, wollen wir wissen, wie sich der Rumpf bei Eispressungen verhält.«

»Die Drift der *Fram*!«, wiederholte Krieg ein wenig fassungslos.

Alle Norweger kennen die im Osloer Museum ausgestellte *Fram* und deren Kapitän Nansen, der ein großer Nationalheld ist. Der Polarforscher, Friedensnobelpreisträger und Initiator der norwegischen Unabhängigkeit war ein bemerkenswerter Mann, dessen Einfluss über mehrere Generationen spürbar war und der nicht zuletzt auch den nicht minder berühmten Amundsen entscheidend geprägt hatte.

»Und Sie glauben, dass die *Antarctica* ebenso stabil ist wie die *Fram*?«

»Das wird man sehen, sie ist nach demselben Prinzip erbaut, die runden Formen sollen sie vor den Eispressungen schützen.«

Ich wusste, dass ich mich damit auf ein Terrain begab, das den Norwegern teuer war, und dass Zurückhaltung gefragt war. Aber Hans kam auf sein Lieblingsthema zurück.

»Haben Sie Eisbären gesehen?«

»Ja, natürlich, seit wieder Tageslicht herrscht, sieht man sie umherstreifen, am häufigsten eine Mutter und ihre beiden Jungen, die von Zeit zu Zeit unter dem ›meat tower‹ schnüffeln. Sie stellen sich auf die Hinterbeine und strecken sich nach den Robbenkadavern; ein schönes Schauspiel, aber seit sie da sind, müssen wir auch wachsamer sein.«

»Es stimmt schon, dass diese Fleischfresser eine außerordentlich gute Nase haben, aber ich glaube, dass sie vor allem von den Küchendüften angelockt werden«, erwiderte Hans schelmisch, was tief blicken ließ, was seinen eigenen Appetit betraf.

Ein herrlicher Duft von Lammkeule und Knoblauch erfüllte den Salon.

»Die französische Küche zieht sie bestimmt an, aber wir haben jetzt über die Monate beobachtet, dass die meisten von ihnen bei Schneestürmen auftauchen.«

Hans riss die Augen auf und wartete auf unsere Erklärung.

»Bei starkem Wind tropft am meisten Fett von den Robben, und das wissen die Bären. Viel zu beißen ist das nicht, aber nach der Hungersnot im Winter ist es nicht zu verachten.«

»Vielleicht«, bemerkte Hans mit kaum überzeugter Miene.

»Aber anscheinend gibt es noch einen weitaus lohnenderen Grund«, ließ Denis verlauten. »Bei einem Sturm ist einmal ein Kadaver vom Haken gefallen. Wir haben nichts gesehen, aber der Bär, der diesen Besuch im Schneesturm in Kauf genommen hat, ist nicht umsonst so weit gelaufen. Ich bin sicher, dass das hin und wieder vorkommt und sie das sehr wohl wissen.«

Hans fand die Beobachtung durchaus logisch, sie bestätigte auch, wie außerordentlich schlau der Eisbär bei seiner permanenten Nahrungssuche vorgeht. Dazu muss man bedenken, dass er hier bei sich zu Hause ist und nichts in dieser wüstenartigen Landschaft seiner Aufmerksamkeit entgeht. Wir fragten uns, ob unsere Anwesenheit ihre Existenz nicht beeinträchtigte, aber Hans beschwichtigte uns.

»Der Eisbär ist ein extrem neugieriges Tier, der ohne weiteres Kontakt sucht, und er fürchtet niemanden: Der Mensch ist kein Herausforderer mehr auf seinem Territorium. Seit man die Jagd 1973 verboten hat, ist der Bestand stetig gewachsen. Derzeit schätzt man ihn auf fünfundzwanzigtausend in der Arktis, von denen etwa fünftausend hier leben, zwischen Grönland und Nowaja Semlja.«

»Werden sie nicht vom Tourismus gestört?«

»Eher müssen die Touristen auf der Hut sein«, entgegnete Hans scherzend. »Solange die Bereiche der Muttertiere geschützt sind, ist die Art nicht in Gefahr. Eisbären brauchen, wie alle anderen Tiere auch, Ruhe und Abgeschiedenheit für die Niederkunft, und so richten sie ihre Höhlen im Allgemeinen in gänzlich unberührten Gegenden ein, die in der Polarnacht praktisch nicht zugänglich sind. Seit der Mensch die Waffen gestreckt hat, stellt er keine unmittelbare physische Gefahr mehr für den Bären dar, aber für das Überleben der Art zeichnet sich eine andere Gefahr ab: die chemische Verschmutzung. Es ist eine unsichtbare, unvermutete und dabei sehr reale Bedrohung, die sich hinterrücks in sein innerstes Zellleben einschleicht. Untersuchungen von Blut, Fett und Milch, die man bei betäubten Eisbären vorgenommen hat, haben steigende Werte an Pestiziden und Schwermetallen ergeben. Diese Umweltgifte finden sich in der gesamten Nahrungskette, vom Plankton über Krabben, Meeresvögel, Fische und Robben bis hin zum Eisbär, der sie als Letzter in der Reihe in seinem Organismus speichert. Wer hätte gedacht, dass Europa, Russland und Amerika die Arktis mit den unerwünschten Rückständen ihrer Landwirtschafts- und Industrieproduktion überschwemmen? Wind, Flüsse und Ozeane tragen sie weiter, und so wirken sie heimtückisch aus großer Entfernung.«

Hans Krieg war ein Biologe mit praktischer Erfahrung, ein Feldforscher, der mit viel Liebe und Empfindsamkeit über Eisbären sprach. Das wissenschaftliche Fundament seiner Ausführungen ließ allerdings keinerlei Zweifel über wie auch immer geartete gefühlsbetonte Spekulationen aufkommen.

In meiner Jugendzeit befand sich am Fuß des Wasserturms bei uns ein kleines Becken, das von dem Trinkwasser gespeist wurde, welches gerade aus den Klärfiltern kam. In diesem Becken schwamm eine Forelle, die regelmäßig ausgetauscht wurde. Sie war dazu da, die Trinkbarkeit des Wassers unter Beweis zu stellen. Sobald die Forelle schwächelte, wurde die Klärmitteldosis heraufgesetzt. Diese Forelle war, ohne dass sie es gewusst hätte, der Vorfahre heutiger Bio-Indikatoren, ein lebendiger Nachweis für den Zustand der Umwelt. Zu viele Arten sind bedroht oder sterben aus, weil man die Erklärungen für ihre Agonie unberücksichtigt gelassen hat. Schlimm ist nicht das Verschwinden einer Art an sich, sondern das Leugnen der Ursachen, denn der Mensch wird nicht verschont bleiben. Wie der Eisbär auch, ist er ein Bio-Indikator für die Entwicklung der Welt. Man sorgt sich sehr um seine Cholesterinwerte, das Molekül des Überflusses. Aber man sollte auch beim Menschen die Analysen zu verschiedenen Umweltindikatoren im Blick haben, dann ließe sich so manche umweltpolitische Maßnahme viel selbstverständlicher in die Wege leiten.

Eisgang

Der Himmel verhieß Glück. Die Vögel kamen in regelmäßigen Wellen von Süden und bezirzten das Azur mit schrillem Geschrei, dem Vorboten ihrer Rückkehr. Endlich konnten sie die Flügel ausbreiten und sich nach Belieben durch die Lüfte tragen lassen, jetzt, am Ende der langen Reise, die sie alljährlich in ihre Heimat zurückführt, wo sie den Sommer verbringen. Der hohe Norden zieht sie magnetisch an, und ihr Instinkt führt sie unweigerlich zur rechten Zeit an den rechten Ort, zum jährlichen Treffen mit der eigenen Art. Die ersten Dreizehenmöwen nahmen die besten Plätze in Beschlag, ganz oben auf dem Felsen, der das Schiff überragte. Darüber entspann sich eine Diskussion über die Vorstellung, die sich jeder von uns von diesem »besten Platz« für die Meeresvögel machte. Ob der Begriff der Bequemlichkeit für diese in der Wildnis lebenden Tiere wohl dasselbe bedeutete wie für uns?

Ich erinnere mich, dass wir ganz zu Beginn unserer Durchquerung der Antarktis niedrige Mauern aus Eisblöcken errichtet hatten, die unseren Hunden in der ersten Sturmnacht Schutz bieten sollten. Da wir übergangslos vom

Sommer in die Kälte des Südpolarwinters übergewechselt waren, befürchteten wir, sie könnten auf dem scharfkantigen Eis eine schlechte Nacht haben. Aber zu unserer großen Überraschung fanden wir am darauf folgenden Morgen einige von ihnen schlafend auf diesen Blöcken vor, andere wiederum voll dem Wind ausgesetzt, gänzlich gleichgültig gegenüber unseren Vorsichtsmaßnahmen. Für diese Vögel waren die Gegebenheiten andere. Für sie galt es, sich einen Platz für die gesamte Saison auszusuchen, an dem sie nisten und brüten könnten, bis die Jungen flügge waren. Im Schnitt fanden sich auf jedem senkrechten Quadratmeter drei bis vier Nester bestehend aus Erde, Algen und Gräsern, die mit Kot zusammengehalten wurden. Die riskantesten Plätze lagen zweifellos nahe den Vorsprüngen, die einem Fuchs noch zugänglich waren, diesem gefürchteten und wendigen Jäger, der auch vor gefährlichen Klettertouren nicht zurückschreckte, um zu den Nestern vorzudringen. Mit dem Fernglas betrachteten wir das kurvenreiche Hin und Her der Dreizehenmöwen auf Erkundungsflug. Im Sog von Warmluftsäulen glitten sie ohne einen Flügelschlag den Felsen empor. Einzig der Kopf drehte sich nach links und rechts, als würden sie den gesamten Brutplatz mit einem Scanner abtasten. Diente der Flug der Orientierung oder der sozialen Wiedererkennung unter ihresgleichen? Suchten sie sich einen neuen Platz oder kehrten sie ins Familiennest zurück?

Die Natur ist ein auf Genen, Instinkt und einem Stück Magie beruhendes Gebilde, in dem der Verhaltensforscher mit den Augen eines Menschen das Regelwerk zu erkennen sucht. Zwischen Forschung und Mitgefühl lässt die Deutung des Verhaltens von Lebewesen dem Menschen viel freie Hand für persönliche Einschätzungen, die nur schwer mit letzter Sicherheit zu bestätigen oder zu widerlegen sind.

Dieser zur Neige gehende Mai war ganz besonders mild, und der Schnee rund um das Schiff verwandelte sich in eine schwere, bewegte Brühe, in die unsere Füße tief einsanken. Auch auf den Bergen schmolz der Schnee und ließ unsichtbare Flüsse anschwellen, die unter immer brüchiger werdenden Eisflächen dahinflossen. Wir traten in die kritische Phase ein, in der es riskant wurde, sich auf flachem Grund zu bewegen, weil die Eiskruste jeden Moment unter unseren Schritten bersten konnte. Die Querung einer starker Strömung konnte fatale Folgen haben. Am Vortag war ein Schneescooter eingebrochen, zum Glück an einer seichten Stelle. Wir hatten gehörige Schwierigkeiten, ihn wieder aus dem Loch zu hieven. Jede Beanspruchung durch unser Gewicht ließ das Eis brechen und unsere Beine knietief in eisiges Wasser eintauchen. Das Rentiertal war mittlerweile unpassierbar, und die nachlassende Schneefestigkeit in den Bergen schränkte unsere Bewegungsfreiheit ernsthaft ein. Mehr denn je waren wir gefangen im Eis. Die Reduzierung der beschreitbaren Zone rings um das Schiff förderte manche Gereiztheit in der Mannschaft zutage, und wie ein Keim schlich sich das Verlangen, den Ort zu verlassen, in die friedliche Stille an Bord. Sieben Monate lang hatten wir uns der Unendlichkeit der Zeit hingegeben und die Tage genommen, wie sie kamen, ohne eine andere Aussicht als die, unsere täglichen Aufgaben zu erfüllen. Dieses grenzenlose Leben war letztlich sehr schnell vorübergezogen, bis die Perspektive eines absehbaren Endes die unermessliche Träumerei unterbrach. Aber das Packeis hielt uns noch immer in seinen Fängen und entschied über unsere Abreise.

Die Mutmaßungen über den Zeitpunkt, an dem der Eisgang kommen würde, wurden für manche von uns allmählich zur Obsession. Wie könnte man seine Kräfte zum Einsatz bringen, um den Aufbruch vorzuverlegen? Diese Frage bewegte die Gemüter, und an Ideen mangelte es nicht. Schaufeln, Hacken, Eissägen, Stangenbohrer... Schürfen, löchern, Rinnen ziehen, ausheben... Viel Schweiß für einen kümmerlichen Graben, der jedoch zumindest Energien ableiten und manche Ungeduld besänftigen konnte. Sogar die Sonne vermochte nichts für uns zu tun, da der Schnee die Wärme ihrer Strahlen an den Himmel zurückgab. Alle überwinternden Besatzungen haben diese Besessenheit erlebt. Die Männer der *Pourquoi pas?* von Charcot hatten die schwarze Asche vom Kohleofen ausgestreut, um die Schmelze zu beschleunigen! Die Annahme, man könne durch ein Meter dickes Eis eine Rinne bis zum freien Wasser ziehen, führte zu dieser Energieverschwendung, die manche dem kontemplativen Nichtstun vorzogen. Über eines musste man sich klar werden: Nur eine mächtige Dünung von Westen hätte genügend Kraft, das uns umschließende Packeis Wellenschlag um Wellenschlag abzutragen. In der Zwischenzeit kam die milde Witterung dem Leben zustatten: Krabbentaucher, Ringelgänse, Eiderenten, Lummen, Steinbrech – alle beteiligten sich an dieser Wiedergeburt, deren ungeduldige Zeugen wir waren. Ich nahm es mir übel, dass ich dieser ansteckenden Flattrigkeit erlag, den organisatorischen Notwendigkeiten, der Unzufriedenheit, noch immer dort zu sein, in dieser Schatztruhe voll Ruhe und Schönheit. Was hatten wir aus dieser Abgeschiedenheit von der Welt gelernt? Zum ersten Mal an Bord eines Schiffes warteten Seeleute ungeduldig auf den nächsten Sturm. Lustvoll lauerte man auf die geringste Abwärtsbewegung des Barometers, dem Vorzeichen für das rettende Tief. Und endlich kündigte es sich auch an.

Eine Welle der Begeisterung machte sich breit an Bord, als sich der Himmel bei Sonnenuntergang zuzog. Der abfallende atmosphärische Druck entsprach den Wetterkarten, die wir von einer russischen Station erhalten hatten. Die sich eng um das Zentrum des Tiefs ziehenden Isobaren ließen darauf schließen, dass etwas Größeres im Anmarsch war. Mit dem Auftauchen der ersten Feuchtluftmassen aus Südwesten stieg die Temperatur wieder an. In weniger als einer Stunde wurde das schöne Wetter von immer heftigeren Böen hinweggefegt. Der digitale Windmesser zeigte schon bald Spitzenwerte von fünfundfünfzig Knoten an. Die Schwingungen der Wanten hallten jetzt dumpf grollend durch das gesamte Schiff. Draußen versperrte ein Schleier aus umherwirbelndem Schnee die Sicht, aber nichts hätte uns davon abhalten können, dem Treiben in der Durchfahrt zuzusehen; es war eine eindrucksvolle Darbietung. Unter einem sturmverhangenen Himmel rollten schäumende Wellen vom offenen Meer heran und brachen sich an der Eiswand. Die Dünung hob das Packeis an, das überall Risse bekam und auseinander brach. Mit mächtigem Druck schoss das Wasser zwischen den zerschlagenen Platten in die Höhe. Vorn wälzten sich türkisfarbene Eistrümmer durch die Strudel und wurden, von der Strömung mitgerissen, den kraftvollen Wogen bei ihrem titanenhaften Wirken einverleibt. Jede abgespaltene Platte war ein Schritt hin zum heißersehnten Durchbruch, aber niemand sagte ein Wort, die Gegenwart war zu überwältigend. Jeder spürte die Autorität des Meeres bis in seine Eingeweide. Diese Männer mit ihren ernsten Gesichtern verströmten Freude über die Kräfte der Erde, oft die einzigen, deren Diktat sie demütig hinzunehmen vermögen. Im schaumbeladenen Treiben fingen unfurchtsame Möwen ab, was vom Grund der Fluten an Essbarem hochgewirbelt wurde. Ihr durchdringendes Geschrei gellte durch das Donnertosen des Schwindel erregenden Malstroms. Als Zeuge dieses Verschmelzens von Wucht und Anmut bildete ich mir ein, der Entstehung der Welt beizuwohnen und mitten in diesen kosmischen Wolken zu stehen, wo Gase und Materie in himmlischem Zusammenspiel einen neuen Stern gebären. Der Eisgang, diese Auflösung der Massen, war der biblischen Beschreibungen vom Wüten der Erde würdig.

Tags darauf, getreu der Tradition der Wetterkapricen, schien die Sonne an einem friedvollen Himmel. Rund dreißig Meter vom Schiff entfernt schimmerte das eisfreie Wasser, und einzelne Packeisbrocken schaukelten wie Teile eines aufgelösten Puzzles auf der restlichen Dünung. Die Maulwurfsarbeit war noch nicht erledigt, aber das Gröbste war getan. Es war nur noch eine Frage von Tagen.

Der Sturm hatte nicht nur das Eis gebrochen, sondern auch den Grund aufgewirbelt und Nährstoffe und andere Mikroorganismen an die Oberfläche transportiert. Nachdem sie aus der Dunkelheit heraus schlagartig den Lichtstrahlen ausgesetzt waren, setzte die saisonale Photosynthese ein, eine regelrechte Explosion von Phytoplankton, die den Ozean grün färben würde. Der Tisch war gedeckt, das sommerliche Festmahl für alle konnte beginnen. Die Robben gesellten sich hinzu, reckten überall ihre glatten, runden Köpfe aus dem Wasser und zeigten sich erstaunt über das Schiff, dieses metallene Gehäuse, das rund war wie der Bauch eines Wales. Sie konnten jetzt in aller Ruhe spielen, da die Eisbären wegen des zurückgehenden Meereises immer weiter aufs Festland verbannt waren. Papageitaucher flogen zwischen Wasser und Felsen hin und her, den Hinweg jeweils mit lohnenswerter Ernte im regenbogenfarbenen Schnabel, etliche kleine Fische, die im Nest verspeist würden, das sie gerade erst in Besitz genommen hatten. Eissturmvögel verköstigten ihre Mahlzeit aus Kopepoden und dem sich bildenden Krill in kleinen Gruppen zu vieren oder fünfen vor Ort. Wir wohnten der Symphonie des trophischen Zusammenwirkens bei, den Duos von Jäger und Gejagtem, wo der Tod den Fortbestand des Lebens sichert und das universelle Naturgesetz sich einmal mehr bewahrheitet:

Nichts geht verloren, nichts wird erschaffen, alles ist im Wandel begriffen.

Die Erwärmung des Aluminiumrumpfes ließ das Eis drumherum unmerklich schmelzen, und schließlich, ohne jede Vorankündigung, war der Kiel aus seinem Schraubstock befreit: Das Schiff bewegte sich wieder. Kaum erwähnenswert beim ersten Mal, ein winziges Schwanken, aber alle empfanden es als unangenehmen Schwindel. Wie aus einer Kehle tönte es vom Bug bis zum Heck:

»Es bewegt sich!«

Jeder lief in den Kajütsalon, um ganz sicherzugehen, dass er auch nicht geträumt hatte, und zu berichten, was genau er erlebt hatte.

»Ich bin mir ganz sicher, das bilde ich mir nicht ein, es hat sich wirklich bewegt!«

»Da, schon wieder, das ist jetzt keine Wahnvorstellung, oder ich dreh' durch!«

In dem Moment kam das Schiff richtig in Gang, als würde es wieder lebendig.

»Es ist ja wirklich zum Schwimmen da«, rief Jean mit einem Lächeln, das zeigte, wie glücklich er nun wieder war.

Dahinter verbargen sich seine Empfindungen und sein Selbstverständnis als Seemann. Schließlich lebten wir nun schon seit Monaten an Bord, aber trotzdem wie auf dem flachen Land. Wir waren es nicht mehr gewohnt, im Meereskontext zu denken.

Als wir den Schnee seitlich wegräumten, sahen wir, dass die *Antarctica* sich aus ihrer Eiswiege gelöst hatte und schwamm. Ab sofort galt es wieder zu beachten, dass wir auf einem Schiff lebten, das einsatzbereit sein musste, denn die Vertäuung durch das Packeis konnte sich nun jederzeit ohne Vorwarnung lösen. Jean und Rick stiegen in den Maschinenraum hinunter und machten sich an die Arbeit. Sie öffneten sämtliche Wasser- und Dieselkreisläufe, die zu Beginn der Überwinterung gereinigt und geschlossen worden waren. Es war minus vier Grad kalt, und das gefrorene Schmiermittel blockierte sämtliche Mechanismen. Jedem festsitzenden Ventil musste mit dem Schweißbrenner kurz auf die Sprünge geholfen werden. Ein Heizwiderstand, der anstelle des Ölstandanzeigers angebracht war, verflüssigte langsam das Motorenöl. Die Arbeiten dauerten den ganzen Tag bis zum Moment der Wahrheit, als Jean den Anlasser betätigte. Würde er anspringen? Beim dritten Anlauf fing der Motor an zu knattern, und eine schwarze Wolke stieg aus dem Auspuffrohr. Wir waren startklar fürs Meer. Als die Mechanik sich warmgelaufen hatte, machte Jean ein paar Vorwärts- und Rückwärtsbewegungen, um zu versuchen, das Eis unter dem Gewicht des Schiffes zu brechen. Doch umsonst, es war über einen Meter dick. Wir konnten es aufgeben und würden uns bis zuletzt gedulden müssen, einzig das Meer würde uns hier herausbringen.

Gegen zweiundzwanzig Uhr hatte das auflaufende Wasser die Zufahrt zu unserer kleinen Bucht erneut mit Eisplatten blockiert. Sie waren nicht wirklich robust, aber der aufkommende Optimismus wurde durch diese Aussicht wieder gebremst. Denis, der in Kanada in der Flößerei gearbeitet hatte, schlug vor, sie zum eisfreien Wasser im Fjord zu schieben. Wenn man sich auf die Skistöcke stützte, bräuchte man nur wenig Kraft, um sie in Bewegung zu setzen. Wie die Jongleure stiegen wir von einer Platte auf die nächste. Es war sehr amüsant, aber nicht wirklich effizient, und die Übung ging bei einem Glühwein mit Zimt in der Mitternachtssonne zu Ende. Zur allgemeinen Überraschung lud sich noch ein Walross schüchtern bei uns ein. Es hatte seine beiden Zähne auf das Eis gesetzt, und wir sahen gerade eben seine Schnauze, dichtbehaart wie ein Fußabstreifer, und seine traurigen Augen seitlich im Kopf. Es beobachtete uns lange, bevor es seinen Körper auf die Platte hievte, wo es sich schwer fallen ließ. Es war ein großer Bulle, mit der für die meisten Walrösser auf Spitzbergen typischen rissigen Haut rund um den Hals, die aussah wie getrocknete Erde. Nachdem wir noch ein wenig bei ihm gesessen hatten, beschlossen wir, schlafen zu gehen, und überließen den großen Säuger seinen Träumen, die seine fette Masse regelmäßig erzittern ließen. Nachts ging ich dann auf die Brücke, um auszutreten. Es waren minus acht Grad. Die tief stehende Sonne am Horizont dehnte meinen Schatten bis an den Rand des Wassers. Das Walross setzte seelenruhig sein Schläfchen auf dem Packeisklumpen fort, der langsam zum Fjord hintrieb. Alles war ruhig in dieser grandiosen Kulisse, als eine dumpfe Explosion durch die Stille drang, verstärkt durch das Echo der Berge. Sie kam ganz offensichtlich vom Gletscher, ein großer Block musste sich gelöst haben, aber er war zu weit weg, als dass man ihn mit bloßem Auge erkennen konnte. Durch das Fernglas erahnte ich ein Stück blaues Eis auf der Vorderseite des Gletschers, ein Zeichen für einen gewaltigen Abbruch, wo doch alles in der Winterkälte erstarrt zu sein schien. Eine Minute später wurde das Schiff von einer Welle in die Höhe getragen und schlug zu beiden Seiten heftig an sein enges Eisbett. Alle kamen auf die Brücke, bestürzt von dieser Karambolage mitten im Schlaf.

»Was ist los?«

»Seht mal, das Wasser bricht alles in Stücke und tritt übers Ufer!«

Wir rissen Mund und Augen auf vor Staunen: Die Welle unter dem Eis löste das Packeis aus der ganzen Bucht heraus, und das Wasser stieg weit über das Gestade.

»Das muss ein riesiger Brocken gewesen sein!«

Und es war erst der Anfang.

Eine zweite, weitaus längere Explosion ließ das ganze Schiff erbeben.

»Das ist gewaltig!«, schrie Jean, der alles durch das Fernglas beobachtet hatte.

Zwanzig Sekunden danach spürten wir, wie das Grollen des rasenden Monsters, dem es unter dem dicken Packeis zu eng wurde, näher kam. Bang sahen wir uns an, ohne zu wissen, was wir sagen oder tun konnten, überfordert von den Kräften, die in einer solchen Geschwindigkeit auf uns zugerast kamen. Die Welle zeigte sich im gestreckten Galopp, sie ließ das Eis hochfahren, das zerborsten zurückblieb. Wassergeysire sprudelten zwischen den Platten empor, und das Getöse trug das Seine zu unserer Beklommenheit bei…

Jetzt rollte sie über uns hinweg, der Aufprall war heftig. Das Schiff, das in alle Richtungen gestoßen wurde, schien die Erschütterungen ohne sichtbaren Schaden zu überstehen. Die Welle war sehr schnell vorüber und hob sich über den Erddeich, der uns vom Meer trennte.

Als wieder Ruhe eingekehrt war, sahen wir uns an, benommen und erleichtert, dem Schlimmsten entronnen zu sein. Die Woge hatte das Eis völlig zertrümmert und uns einen Weg zur Ausfahrt gebahnt, allerdings nur unter der Voraussetzung, dass die Schiffsschrauben nicht allzu sehr gelitten hatten. Rick schlug vor, auf Tauchgang zu gehen, um den Rumpf zu untersuchen, aber ich war dagegen. Wir mussten schnellstens fort von hier, wir waren vor einer erneuten Attacke nicht sicher. In der Regel brechen die Eisbrocken kurz hintereinander ab, bis ein neues Gleichgewicht erreicht ist. Denis bemerkte zu Recht, dass Luis guten Grund gehabt hatte, um seine Hütte zu fürchten, der Gletscher würde vielleicht gerade loswandern. Jean ließ die Motoren warmlaufen und schlug vor, den Van Mijenfjord zu verlassen, und in einer anderen Bucht vor Anker zu gehen. Er wollte erst einmal ruhiges Gewässer aufsuchen, um das Schiff für das Meer wieder startklar zu machen. Als die Schwerter abgesenkt waren, startete er langsam, er fieberte. Wir waren auf diesen überstürzten Aufbruch nicht vorbereitet und mussten vor schlecht kartographierten Klippen auf der Hut sein. Nach einer Rechtskurve befand sich das Schiff in der Achse der Durchfahrt. Die Strömung verlief in Fahrtrichtung, und Jean beschleunigte und ließ die *Antarc-*

tica auf die Mündung des Fjords zusteuern. Wir standen alle nebeneinander auf der Brücke, schweigend und bewegt, die Augen auf den Schauplatz gerichtet, an dem über Monate hinweg ein fantastisches Abenteuer der Menschheit stattgefunden hatte.

Im Laufe des langen Winters hatte jeder von uns den Teil von sich erkundet, wo Heldentum und Strategien, die dem Stolz zum Vorteil gereichen, keine Daseinsberechtigung mehr haben. Jeder hatte die Tür zu dem Teil seines Wesens, der auf der Reise verborgen blieb, einen Spalt weit geöffnet.

Das prekäre Gleichgewicht
der Welt

Eigentlich hätte man meinen können, dass er hier in aller Ruhe sein Leben verbrachte, im Frieden mit sich selbst, fernab der hektischen Betriebsamkeit. Er hatte sich jedoch mit all seinen inneren Qualen, seiner sozialen Unangepasstheit zurückgezogen und fürchtete jeden neuen Besucher. Luis schien beunruhigt darüber, dass so viele Menschen auf seiner kleinen Insel unterwegs waren; dabei waren wir nur zu viert gekommen, mit unseren zwei Schlauchbooten, um seine acht Ballen Eiderdaunen abzutransportieren. Seit unserem letzten Besuch hatte die Schneeschmelze eine ganz neue Kulisse freigelegt, die wir mit Neugier entdeckten.

Der Trapper war wie ein schelmisches, wildes Tier; er sammelte alles, was er in der Natur fand: ein paar Robben, die am Balken hingen, getrocknete Fische, Rentiergeweihe, Fuchsfelle, Holzklötze und einen ganzen Haufen Altmaterial, von dessen Nützlichkeit nur er allein eine Vorstellung haben konnte. Er führte das Leben eines Einsiedlers, und die Ankunft Fremder verlangte ihm immer eine Zeit der Gewöhnung ab. Nachdem er ein paar Minuten in seiner Hütte verschwunden war, servierte er uns einen ausgezeichneten Kaffee und beruhigte sich allmählich wieder. In dieser Architektur aus rohem Holz, an diesem Tisch, versammelt mit den anderen, empfand ich dieselbe Entspannung und Erleichterung wie beim ersten Besuch. Ich bewunderte diesen Mann, und insgeheim beneidete ich ihn auch um seine Fähigkeiten. Seinem zerbrechlich wirkenden Äußeren zum Trotz war er von einer ungeheuren Kraft erfüllt, mit der er alle Hebel in Bewegung zu setzen vermochte, um hier zu leben, in direkter Konfrontation mit der Wildnis, die einem viel abverlangte. Luis hatte diese radikale Entscheidung getroffen, ohne Halbheiten, und seine authentische Haltung machte ihn gleichermaßen bärbeißig wie faszinierend. Während er sprach, kreisten seine gegerbten Finger wie vertraute Werkzeuge langsam und zärtlich über das Holz und ließen sich von der Sinnlichkeit des Materials beseelen. Dieser Mann besaß eine manuelle Intelligenz, die jeder kleinen Geste innewohnte, mit der er die Dinge berührte.

Es war Zeit zu gehen, und Luis brachte uns zu der Steinhütte, in der seine Daunen bereit standen.

»Acht Ballen«, meldete er und nickte leicht, »ein gutes Jahr.«

Eiderenten nisten direkt am Boden, mit ein wenig getrocknetem Kraut, Flechten und vor allem dem Flaum, den sie sich aus der Brust zupfen. Einen Monat lang brüten die Weibchen allein, ohne das Nest zu verlassen, eine lange Fastenzeit, denn nach der Begattung ziehen die Erpel sich zum

Mausern zurück. Wenn die Küken geschlüpft sind, können sie sofort schwimmen und suchen sich ihr Futter selbst. Sie laufen Richtung Ufer, wo sie unter dem wachsamen Auge der Mutter von jungen Weibchen unter die Fittiche genommen werden. Wenn alle Enten und Entenküken die Brutstätte verlassen haben, ist der Zeitpunkt gekommen, die berühmten Eiderdaunen in den verlassenen Nestern aufzulesen, eine Geduldsarbeit, der sich heutzutage kaum noch jemand annimmt. Luis hielt die Tradition für einige wenige Käufer und eine Hand voll Dollar aufrecht; die Zeit rechnete er nicht.

»Kommst mit uns bis zum Schiff?«

»Nein, ihr braucht mich nicht.«

»Dann auf Wiedersehen, Luis, aber ich weiß nicht, ob schon im nächsten Jahr.«

Luis lächelte mit trauriger Miene und erwiderte:

»Nächstes Jahr brauche ich bestimmt kein Schiff wie die *Antarctica*, denn da wird die Ernte nicht so üppig ausfallen.«

»Sind die Enten weniger geworden?«

»Nein, nicht wirklich, aber der Eisgang hat sehr früh eingesetzt, und so kam es, dass ein Fuchs auf einer Inselgruppe festsaß, auf der ich in der Regel einiges gesammelt habe; er hat dort ziemlich gewütet. Die armen Enten konnten sich kaum zur Wehr setzen. Viele haben ihr Nest verlassen. Die Flussschwalben haben mich alarmiert. Sie waren so aggressiv, dass ich kapiert habe, dass ein Fuchs in der Gegend war, aber ich habe zehn Tage gebraucht, bis ich ihn in der Falle hatte!«

Es gibt keine Beschaulichkeit, dort, wo man sein Leben verteidigen muss.

Mit amüsiertem Blick sah Luis uns in unseren Schlauchbooten nach, die weit über den Rand beladen waren. Es war nicht leicht, sich mit diesen großen Säcken, die einem die Sicht versperrten, zwischen den Untiefen seines Archipels hindurch einen Weg zu bahnen. Eine Meile trennte uns von dem Schiff, das in einer ruhigen, seichten, kleinen Bucht lag, nahe der Fahrrinne, in der eine starke Strömung herrschte. Als wir dort ankamen, saßen hunderte Seevögel in mehreren Reihen hintereinander schlemmend am Ufer, wo sich das Plankton sammelt. Dreizehenmöwen pickten dicht an dicht mit schnellen, präzisen Bewegungen und machten mit einiger Eleganz Gebrauch von ihren Schwimmfüßen, um nicht im überschwappenden Wasser zu stehen. Die Papageitaucher hatten sich etwas abgesetzt; sie tauchten in losen Verbänden und zeigten sich dann wieder mit noch lebenden Fischen, die in ihren bunten Schnäbeln zappelten. Mit schnellem Flügelschlag rissen sie sich mühsam von der Oberfläche los, um wieder zu ihrem Bau zu gelangen, wo tief drinnen das Weibchen ihr einziges Ei geschützt vor Räubern deponiert hatte. Jetzt, Mitte Juni, waren die Jungen bereits geschlüpft, und die Eltern lösten sich tatkräftig beim Füttern ab. Diese clownähnlichen Alken tun sich beim Fliegen schwer, und die Landungen bei ausgefahrenen Schwimmhäuten ähnelten regelrechten Luftfahrtdebakeln, von denen sie sich allerdings sofort erholten und auch schon wieder untertauchten. Auf derselben Wasserfläche wuchsen die Krabbentaucher in überschaubaren Kolonien heran. Die kleinen, gedrungenen Vögel mit dem schwarzen Kopf flogen in Schwärmen zwischen Meer und Steilküste hin und her, wo sie zu Tausenden in den Felshöhlen nisteten. Im Norden Grönlands fingen die Inuit sie mit einem Kescher im Geröll am Fuß der Felswände. Sie verspeisten sie vor Ort, roh, noch warm und blutig, ein guter Imbiss, der ihnen, ohne dass sie dies wussten, die unverzichtbare Ration an Vitamin C bescherte. Die Polarforscher wären nicht an Skorbut gestorben, wenn sie dem Instinkt der Eskimos gefolgt wären (wortwörtlich bedeutet Eskimo »Esser von rohem Fleisch«, heute spricht man von »Inuit«, was in ihrer Sprache »Mensch« bedeutet).

Für ihre Hauptmahlzeiten bereiteten sie die Vögel auf zwei verschiedene Arten zu: »Krabbentauchereintopf«, mit Wasser des Gebirgsbachs gekocht für den sommerlichen Verzehr, oder als *kiviaq,* eine Art »Krabbentaucher-Confit« nach Eskimoart, eines der begehrtesten Wintergerichte. Nach einem Tag mit reichem Fang tötete der Jäger eine Robbe, köpfte sie und trennte Fleisch und innere Organe von der Halsöffnung aus heraus. Den Schlauch füllte er mit mehreren hundert unzerteilten Vögeln samt Federn, Füßen und Innereien und bewahrte den fest zugenähten Sack unter einem Haufen Steine, geschützt vor Sonne und den Begehrlichkeiten der Füchse, auf. Nach mehreren Monaten bildete dieses Fleisch, das sich im Robbenfett zersetzte, den Hochgenuss langer Iglunächte. Dieses ungekünstelte Rezept erscheint uns heute wenig verlockend, und man fragt sich sogar, wie diese Menschen es überhaupt je erfinden konnten.

Aber wie alle kulinarischen Traditionen war die Zubereitung des *kiviaq* das Ergebnis einer jahrhundertelangen Weiterentwicklung, die genau dem Nährstoffbedarf dieses Volkes entsprach, das den ganzen Winter ausschließlich von den in der Jagdzeit angelegten tierischen Vorräten lebte. Ein britischer Polarforscher, der unglücklicherweise an einem Festtag von den Inuit in Thule eingeladen worden war, hatte geschrieben, dass Geschmack und Geruch eines *kiviaq* an einen alten Camembert erinnerten, ein Gericht mit Charakter also, für ein charakterstarkes Volk.

Wir lichteten gerade den Anker, als Luis mit seinem Boot auf uns zufuhr und uns Zeichen gab.

»Ihr solltet den Motor abschalten und ein bisschen warten. Ein Dutzend Belugas schwimmen zum Ausgang des Fjords, sie steuern langsam auf die Durchfahrt zu, ich habe sie von zu Hause aus gesehen.«

Bevor wir ihm noch danken konnten, hatte Luis schon flink gewendet und war hinter den Felsen verschwunden. Kaum hatten wir die Stille für das Konzert der Vögel wiederhergestellt, als die runden Rücken von sechs Weißwalen an der spiegelnden Wasseroberfläche auftauchten. Durch das klare Wasser erkannten wir drei junge Wale unter Wasser, die unter dem Bauch ihrer Mutter schwammen. Mein Körper bebte angesichts dieser Kreaturen mit ihrer elfenbeinfarbenen, porzellangleichen Haut, die in perfektem Einklang mit der Welle durchs Wasser glitten. Als der größte von ihnen, vielleicht das Leittier, vor uns vorbeischwamm, neigte er seinen Körper zur Seite, sodass das Auge aus dem Wasser ragte, und blickte zu uns herüber. Ich war so ergriffen, dass ich eine Gänsehaut bekam, und im nächsten Moment weckte dieser Blick mein Schuldgefühl. Seit einigen Jahren veröffentlichen kanadische Forscher Artikel darüber, dass eine wachsende Zahl von Belugawalen von allen möglichen Erkrankungen heimgesucht wird, die auf die Wasserverschmutzung zurückzuführen sind. Sie stellen auch fest, dass die Kolonien immer weiter in die Hocharktis ziehen, in die letzten Gebiete mit sauberem Wasser. Es war das erste Mal, dass ich sie so nah sah, auch das erste Mal, dass ich die Bedrohung ihrer Zukunft so stark empfand. Wie bei so vielem, muss man sich den Dingen nur einmal aus nächster Nähe widmen, um sie besser zu verstehen und zu vermeiden, dass man ihnen aus dem Weg geht oder sie leugnet. Die Belugawale zogen in den Bellsund; auf dem Mast stehend sah ich die im Takt auftauchenden Rücken von dannen ziehen, fasziniert von der Mimese der Tiere in der Arktis, wo die weiße Farbe noch immer tonangebend ist. Aber wie lange noch? Es heißt, im Süden des hohen Nordens würden die Fuchspopulationen aufgrund der frühen Schneeschmelze ihr Revier erweitern und ihre weißen Kollegen weiter nach Norden verdrängen.

Mit der Ankunft des Sommers hatte der Isfjord seine Eisdecke abgelegt und so den Weg zum Ende der Reise geebnet. Im Hafen lagen bereits zwei Schiffe, und zu Beginn der touristischen Wanderbewegung stellte sich Longyearbyen für uns als Großstadt dar. Wir hatten den Auftrag, die Daunenballen bei Utwig abzuliefern, und ich wollte nicht wieder fort, bevor ich ihn nicht begrüßt hatte. Er wohnte in einem jener kleinen skandinavischen, rostbraun gestrichenen Häuser; sie waren von der Gemeinde am Meer errichtet worden und dienten als Lagerräume oder Werkstatt. Utwig besetzte das seine mit der größten Gemütsruhe, und niemand wäre auf die Idee gekommen, mit diesem alten, friedliebenden Mann je deswegen zu streiten. Er lächelte uns an, als er uns mit unserer großen Ladung kommen sah, und erkundigte sich sofort besorgt nach Luis, von dem seit einem Monat niemand etwas gehört hatte. Beruhigt bedeutete er uns dann mit glänzenden Augen, seine neueste Errungenschaft in Augenschein zu nehmen. Utwig arbeitete am Bau seiner nächsten Nomadenunterkunft, einer Holzkiste auf einem Schlitten, die er hinter seinem Schneescooter herziehen und auf ganz Spitzbergen von einem Tal ins nächste verlegen könnte. Das Innere war sehr gemütlich, gut ausgepolstert und kälteisoliert und mit einigen Raffinessen ausgestattet, die er uns freudigst präsentierte.

Der Einsiedler am Bellsund war in die Schule des zweiundsiebzigjährigen Abenteurers gegangen, der sein Leben nicht in den komfortablen Altenheimen seines geliebten Norwegens beschließen wollte! Ich hätte Stunden in dieser Schreinerwerkstatt zubringen können, um an eigenartigen Erfindungen herumzubasteln, spaßeshalber und zum Träumen. Aber ich musste nach Frankreich zurück, um Verbindung mit der Zivilisation zu halten. Wie auch immer diese beschaffen ist, der Austausch ist lebensnotwendig.

Am Kai zog die *Antarctica* die Blicke der Touristen und der Svalbarden auf sich. Die meisten von ihnen entdeckten erst jetzt das Schiff, das Stoff für die Winterchronik geliefert hatte. Hans Krieg grüßte uns vom Mountainbike herab. Er wirkte noch beschäftigt. Gerade war er von einer ausgedehnten Tour an die Ostküste der Edge-Insel zurückgekommen, eine Insel, die dem Packeis direkt ausgesetzt ist und vom Polarmeer weggdriftet, und auf der sie Markierungen angebracht und Proben genommen hatten. Er hatte Bären gesehen, viele Bären, sehr viel mehr als in den vorangegangenen Jahren. Die Untersuchungen auf Hopen dagegen bestätigten einen Rückgang der Geburtenziffer in der südlichsten Entbindungsstation der Barentssee. 1995 hatte man noch dreißig Höhlen gezählt, in denen die Bärinnen niederkamen, in diesem Jahr lediglich sieben. Die Erklärung dafür war einfach. Im Herbst kommen die Bärenweibchen auf die Insel und bereiten die Unterkunft vor, in der sie im Dezember ihre Jungen zur Welt bringen. Doch seit einigen Jahren ist dieses Gebärgehege aufgrund des kontinuierlichen Meereisrückgangs nicht mehr zugänglich, sodass die Zahl der Geburten auf Hopen abnimmt.

»Das Problem haben sie schon auf dem Kongress des Norsk Polar Institue hier in Longyearbyen erwähnt.«

»Stimmt«, entgegnete Hans Krieg besorgt. »Wir alle wissen, dass die Klimaveränderung Einfluss auf das Gleichgewicht der Populationen hat, aber in diesem Jahr erleben wir tatsächlich, wie das Revier der Bären erstmalig kleiner wird und sich nach Norden hin verschiebt.«

Diese Nachricht hatte nichts Erfreuliches: Die lauernde Verseuchung durch Umweltgifte und die auf die Treibhausgase zurückgehende Erwärmung betreffen die entlegensten Gebiete der Erde. Krieg setzte noch eins drauf und erwähnte die neuesten Ergebnisse, die er gerade über Pestizide und Schwermetalle im Fettgewebe und in der Milch der Bären erhalten hatte.

Die Blutproben, die Bodenanalysen und die Kurve zur Erdtemperatur ließen alle Voraussetzungen für ein invasives Übel erkennen, das bis in die höchsten Breiten hinein wirksam war. Auch wenn diese scheinbar jungfräuliche Kulisse nichts davon erkennen ließ, unterwanderte die Wissenschaft mit ihren unerbittlichen Gewissheiten unser Bewusstsein doch mit demselben Übel und vernichtet unsere Kinderträume.

Schon in frühester Zeit, ich weiß nicht warum, war ich einen Pakt mit dieser weißen Wüste eingegangen: Jedes Bild, jede Andeutung darauf schien meinem Innersten zu sagen, ich würde dort erwartet. Obwohl mein Lebensweg keine zielgerichtete Annäherung erkennen lässt, hatte mich eine Kette von Fehlern, Kühnheiten, Misserfolgen und glücklichen Umständen schließlich doch zum Ursprung dieses Aufrufs geführt. Der Instinkt ist eben manchmal stärker... Heute weiß ich, was es ist, das mich hierher zieht: Diese Polarwüsten sind Rausch, Ruhe und Emotion für mich und damit ein Gegengewicht zur Besessenheit und den Nöten der Welt. Wohin ich auch gehe, ich trage diese Augenblicke in mir, diese Bilder, die eine unversiegbare

Quelle für eine fruchtbare Fantasie und einen Zustand der Verzauberung sind. Alle Wüsten rufen uns. Es sind magische Orte, in denen die fehlende Verbindung zur Zivilisation die Begegnung mit sich selbst erzwingt und neue Empfindungen auslöst. Selbstbesinnung ist hier unerlässlich, man entdeckt sich, nähert sich seinem ursprünglichen Wesen an, der verloren gegangenen Unbekümmertheit. Heute leidet der Mensch an dieser Zerrissenheit zwischen der Welt, die er sich als Kind erträumt, und seiner Unfähigkeit, sie sich, erwachsen geworden, bewahren zu können. Die Umwelt verschmutzen heißt, seine Kindheit besudeln, heißt, das kleine Wesen in sich zu ersticken, das immer da ist, das die Tore zur Welt aufgestoßen hat und unter dem geschäftigen Gehabe des Großen leidet, zu dem es herangewachsen ist.

Eine kleine Robbe streckte schnaufend den Kopf aus dem Wasser. Ein paar Minuten lang schwamm sie rings um das Boot immer wieder heran und wieder weg und kreuzte meinen Blick mit ihren großen, verspielten, ergreifenden Augen. Beruhige dich, lass die Welt nur machen, schien sie mir zu sagen. Sie war zu jung, um zu begreifen, was mich beschäftigte: Morgen würde ich es ihnen da unten auf meine Weise sagen und ihnen Lust machen, sich wieder zu lieben.

NATIONAL GEOGRAPHIC ADVENTURE PRES

Wieder unterwegs

REISEN · MENSCHEN · ABENTEUER

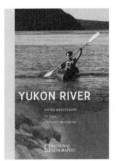

Dieter Kreutzkamp
Yukon River
Im Kajak allein zum Beringmeer
ISBN 3-442-71146-0

Yukon River – der Name weckt Erinnerungen an den Goldrausch und die Romane von Jack London. Über 3.000 Kilometer legt der Autor mit dem Kajak auf diesem reißenden Strom zurück und begegnet Lachsfängern, Flößern und Indianern.

Carmen Rohrbach
Im Reich der Königin von Saba
Auf Karawanenwegen im Jemen
ISBN 3-442-71179-7

Nach Erfahrungen auf allen Kontinenten beschließt die Abenteurerin Carmen Rohrbach, sich den Traum ihrer Kindheit zu erfüllen: Allein durch den geheimnisvollen Jemen. Mit viel Intuition und Hintergrundwissen schildert sie das Leben der Menschen, vor allem der Frauen.

Christian E. Hannig
Unter den Schwingen des Condor
Rad-Abenteuer zwischen Anden und Pazifik
ISBN 3-442-71133-9

Mit dem Fahrrad ins Abenteuer: Auf seiner Fahrt von Bolivien über die Anden bis nach Lima schließt der Autor Freundschaft mit Indios, gerät in einen Rebellenaufstand und begibt sich auf die geheimnisvollen Spuren der Inka.

So spannend wie die Welt. NATIONAL GEOGRAPHIC GOLDMANN

**NATIONAL GEOGRAPHIC
ADVENTURE PRESS**

LUST AUF EIS?

REISEN · MENSCHEN · ABENTEUER

Jon Turk
Abenteuer im Eismeer
Mit Kajak und Hundeschlitten unterwegs
ISBN 3-442-71172-X
Ab September 2002

Abenteuer Ehe, Abenteuer Eismeer: Bei den Expeditionen von Jon und seiner Frau Chris, ob mit Kajak oder Hundeschlitten, verbindet sich beides zu Grenzerfahrungen im ursprünglichen Sinne. Auch wenn das Ziel sich oft als etwas anderes erweist als vermutet ...

John Harrison
Wo das Land zu Ende ist
Von Patagonien in die Antarktis
ISBN 3-442-71173-8
Ab August 2002

Seit Bruce Chatwin ist Patagonien ein klassisches Ziel für Abenteurer. Doch Harrison weiß nicht nur mehr über Geographie, Geschichte und Natur, er gelangt auch weiter nach Süden: Ein Eisbrecher bietet ihm die Chance, zur Antarktis zu gelangen ...

Farley Mowat
Verlorene Wege
Das Schicksal einer Inuit-Familie
ISBN 3-442-71176-2
Ab Oktober 2002

Eine komplexe Geschichte: ein Doppelmord, eine zerstörte Familie, ein vertriebenes Volk. Eine Inuit-Frau macht sich auf die Suche nach ihren Wurzeln und deckt den Hintergrund einer Tragödie auf: die Eroberung von Kanadas Norden durch die Weißen.

So spannend wie die Welt.

**NATIONAL GEOGRAPHIC
ADVENTURE PRESS**

ABENTEUER IM GEPÄCK

Oss Kröher
Das Morgenland ist weit
Die erste Motorradreise vom Rhein zum Ganges
ISBN 3-442-71165-7
Ab Mai 2002

Deutschland, 1951: Zwei junge, wagemutige Männer wollen raus aus dem Nachkriegsmuff. Mit einem Beiwagengespann machen sie sich auf den Weg nach Indien. Ein spritziger Bericht voll mitreißender Aufbruchsfreude.

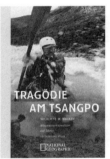

Wickliffe W. Walker
Tragödie am Tsangpo
Wildwasserexpedition auf Tibets verbotenem Fluss
ISBN 3-442-71177-0
Ab September 2002

Unfassbare 2.700 Höhenmeter stürzt sich der Tsangpo in Tibet durch eine der wildesten Schluchten der Welt. Die Erstbefahrung gelang nur um den Preis eines Toten. Ein ungemein packender Expeditionsbericht.

Christian E. Hannig
Unter den Schwingen des Condor
Rad-Abenteuer zwischen Anden und Pazifik
ISBN 3-442-71133-9
Ab Juli 2002

Mit dem Fahrrad ins Abenteuer: Auf seiner Fahrt von Bolivien über die Anden bis nach Lima schließt der Autor Freundschaft mit Indios, gerät in einen Rebellenaufstand und begibt sich auf die geheimnisvollen Spuren der Inka.

So spannend wie die Welt.   NATIONAL GEOGRAPHIC GOLDMANN

REISEN · MENSCHEN · ABENTEUER